최성훈 교수 현대목회 시리즈 ③

고령사회의 실버목회

최 성 훈 지음

기독교문서선교회

기독교문서선교회(Christian Literature Center: 약칭 **CLC**)는 1941년 영국 콜체스터에서 켄 아담스에 의해 시작되었으며 국제 본부는 미국의 필라델피아에 있습니다.

국제 CLC는 59개 나라에서 180개의 본부를 두고, 약 650여 명의 선교사들이 이동도서차량 40대를 이용하여 문서 보급에 힘쓰고 있으며 이메일 주문을 통해 130여 국으로 책을 공급하고 있습니다.

한국 CLC는 청교도적 복음주의 신학과 신앙서적을 출판하는 문서선교 기관으로서, 한 영혼이라도 구원되길 소망하면서 주님이 오시는 그날까지 최선을 다할 것입니다.

Silver Ministry for Aged Society

Written by
Seong-Hun Choi

Korean Edition
Copyright © 2017 by Christian Literature Center
Seoul, Korea

추｜천｜사 1

진재혁 박사
지구촌교회 담임목사

    요즘 시대적 이슈 중의 하나는 점점 빠르게 증가하는 노령인구의 문제입니다. 통계청에서도 2026년이 되면 우리나라가 초고령사회에 진입할 수 있음을 발표했습니다. 이것은 단순히 노령인구가 전체 인구의 몇 %를 차지하느냐의 비율의 문제를 넘어 부양과 경제적 문제, 더 나아가 노인들의 삶의 질 문제까지 사회 전반에 걸쳐 영향을 주는 중차대한 문제이기에 미리 대안을 준비하고 대비하지 않으면 국가적 어려움에 처할 수 있음을 경고하는 하나의 메시지인 것입니다.

    그래서 사회 각계, 특히 정치계와 복지계에서는 이에 대한 다양한 대책과 제도들을 쏟아내며 초고령사회가 가져올 다양한 문제들을 미리 준비하고 있는 것이 현실입니다. 그런데 유독 교계에서만큼은 이런 활발한 움직임이 적습니다. 많은 교회들이 유일하게 하고 있는 것이 노인대학이나 실버부를 만드는 것이 고작입니다.

    그러나 이런 것만으로 교회 안의 노인문제를 해결하기는 분명 한계가 있습니다. 이런 시점에서 『고령사회의 실버목회』라는 책이 나온 것은

· · ·

가뭄에 단비와 같이 소중하고 값진 의미가 있다고 봅니다. 특히 이 책은 노인에 대한 전반적인 이해와 더불어 성경적인 노인의 재해석과 실버목회에 대한 대안을 제시했다는 점에서 좋은 평가를 받을 수 있을 것입니다. 이 책에서 충분히 한국교회가 앞으로의 초고령사회 속에서 어떻게 실버목회를 준비하고 진행해 나가야 하는지에 대한 충분한 해답을 얻을 수 있을 것이라 생각합니다. 그래서 고령사회의 현상이나 문제를 교회가 적극적으로 개입하고 해결해 나갈 수 있는 새로운 목회 방향을 찾고 고민하는데 좋은 길잡이가 되길 소망합니다.

추 | 천 | 사 2

이정기 박사
한국기독교교육학회 33대 회장
백석대학교 사범학부 교수

 교회목회의 현장에서 사역하는 목회자들이 가지는 고민은 목회의 새로운 트렌드에 대한 이해와 실제로 적용 가능한 사례와 정보에 관한 것입니다. 최근의 한국사회는 베이비부머 세대의 노령화에 대비하여 여러 가지 인식의 전환과 구체적인 교육적 준비에 전념하고 있습니다. 특히, 교육목회의 다양성과 융합성이 요구되는데 그 변화의 중심에는 고령사회에서의 실버목회에 대한 접근이 있습니다.

 이 책의 저자 최성훈 박사는 실버목회의 이론적 깊이와 현장성을 교육학적으로 접근하여 제시함으로써 교육목회적 요구를 효과적으로 충족시켜 줍니다. 또한 실버목회의 핵심대상(학습자)인 노인세대에 대한 개념, 노인의 인지능력 등 발달 단계별 이해를 바탕으로 한 교수-학습법, 프로그램 개발 및 평가 모형을 제공하고 있습니다.

 현대적 교육목회에 대한 반성과 성찰이 필요한 한국교회에 새로운 목회의 방향을 제시하여 실버목회의 길라잡이 역할을 하는 이 책을 현직 목회자뿐 아니라 예비 목회자인 신학대학원생들의 필수적인 목회 준비서로 적극 추천합니다.

추|천|사 3

오태균 박사
총신대학교 신학대학원 실천신학 교수

　우리 사회는 성큼 다가온 고령화 시대를 부정적으로 평가합니다. 이런 상황 속에서 우리의 시니어들은 가정적으로나 사회적으로 점차 소외되고 있는 것이 우리의 슬픈 현실입니다. 교회도 해가 거듭될수록 학생들과 청년들의 비중이 줄고, 반대로 노년층은 점차 증가하는 현상에 대해 혹시라도 신앙 공동체가 활력을 잃어버릴까 염려를 하고 있습니다. 어찌 보면 이런 시각은 교회의 우리 시니어들의 다양하고 풍부한 경험과 자원에 대한 이해가 부족해서입니다.

　교회 내에 거의 방치되어 있는 이들을 하나님께서 주신 은사에 따라 사역자들로 구비시킨다면 가정, 교회, 그리고 사회에서 그들의 삶의 역동성 회복은 물론 모세, 여호수아, 그리고 갈렙과 같이 존경받는 어른으로 자리매김 할 것입니다. 발달 과정에서의 우리 시니어들에 대한 올바르고 세밀한 학문적인 이해, 그들에 대한 성경적 자료, 그리고 실버목회의 실제적인 사례 등, 다양하면서 풍부한 자료들이 이 책에 담겨져 있습니다. 시니어 세대로 접어드는 분이라면, 그리고 실버목회를 진지하게 고려하는 목회자라면 이 책의 일독은 필수라고 판단됩니다.

저|자|서|문

최성훈 박사

한세대학교 기독교교육학과 교수

    필자가 박사학위 논문을 통해 노인의 봉사활동과 신앙발달의 관계를 다룬지 꽤 시간이 흘렀음에도 불구하고 여전히 노인과 실버목회에 대한 연구는 매우 부족한 실정이다. 이제 우리나라는 65세 이상 인구가 전체 인구의 14%를 초과하는 고령사회가 되었고, 10년 내에 그 비율이 20%를 넘는 초고령사회로 진입할 전망이다. 그러나 교회를 포함하여 우리 사회는 아직도 그렇게 빠른 속도로 전개되는 인구 구조의 변화에 대응할 적절한 준비를 하지 못하고 있다. 그 주된 원인은 이미 곧 다가올 현실이 되어버린 미래에 대한 무관심과 노년에 대한 편견 때문이다.

    과거 세대와 비교하여 고령사회의 노년층 및 앞으로 도래할 초고령사회의 노인들은 더 신체적으로 건강하고, 소득 및 교육수준이 높으며, 여러 가지 다양한 욕구를 지녔다. 그저 사회에 부담을 지우는 존재가 아니라 과거의 그 어느 때보다도 사회에 기여할 수 있는 풍성한 자산을 지닌 두터운 연령층인 것이다. 따라서 노인 및 노년에 대한 객관적인 지식 및 구체적인 현실을 조명하지 않는다면 교회는 그들을 영적으로 돌보는 데에도, 그들의 영적 자산을 활용하는 한편, 다음 세대에 전수하는 데에도 실패하게 될 것이다.

그러므로 본서는 고령사회 및 다가올 초고령사회에서 노인들이 영향력있는 신앙생활을 영위할 수 있도록 돕는 한편, 청장년 세대 역시 노인을 이해하고, 노년을 대비할 수 있도록 지식과 지침을 제공하는 것을 목적으로 집필되었다. 이를 위해 1부에서는 노년에 대한 전반적인 이해를 함양할 수 있도록 기초적인 지식을 제공하였고, 2부에서 노년을 개인의 신앙 및 교회의 목회적 차원에서 조명하였다.

구체적으로 1부에서 1장은 노령인구의 증가에 따른 노인문제 및 이에 대한 대처방안을 살펴보았고, 2장에서는 노년의 개념 및 노화에 따른 신체와 정서적 변화들을 점검하였다. 3장은 노년을 전생애적 발달의 관점에서 비추어보되, 그동안 간과되었던 노인의 성을 함께 조명하였고, 4장은 노년의 인지능력과 학습의 특징을, 그리고 5장은 동서양의 영화를 통해서 노년의 케어기빙을 조망하였다.

2부는 노인의 신앙과 실버목회를 다루었는데, 6장에서는 성경적 관점으로 노인과 노년의 의미를 살펴보았고, 7장은 실버목회의 구체적인 프로그램을 다루었다. 8장은 노년의 섬김과 신앙을, 9장은 노년의 삶을 통한 간세대 교육과 신앙전수를 조명하였다. 10장은 생의 마지막 시점을 신앙 안에서 긍정적으로 마무리 하도록 하는 죽음교육을 소개하였고, 11장은 삶과 죽음의 기로에서 고통받는 만성질환자에 대한 안락사 논쟁과 호스피스 등의 윤리적 문제를 다루었다. 비록 짧은 분량이지만 본서가 보다 다양하고 깊이 있는 연구의 기반이 되고, 교회들로 하여금 실버목회를 향한 관심 증진 및 주의를 환기하는 자극제가 되길 바란다.

차 | 례

추천사1 _ 진재혁 박사(지구촌교회 담임목사) | 005
추천사2 _ 이정기 박사 (한국기독교교육학회 33대 회장, 백석대학교 사범학부 교수) | 007
추천사3 _ 오태균 박사(총신대학교 신학대학원 실천신학 교수) | 008
저자 서문 | 009
프롤로그 | 015

제1부
노년의 이해

1장 _ 노령인구의 증가와 도전 | 020
   1. 노령인구의 증가 | 021
   2. 노인문제의 발생 요인 | 025
   3. 노인문제와 노인복지 | 027
   4. 세계 각국의 대처방안: 노인교육 중심의 사례 | 034

2장 _ 노년의 개념 및 노화 이론 | 042
   1. 노년의 정의와 분류 | 043
   2. 노년의 신체적 변화 | 045
   3. 노년의 정서적 변화와 우울증 | 047
   4. 노화의 이론들 | 052

3장 _ 노년기의 발달과 성 | 056

    1. 전생애의 발달과 노년 | 057

    2. 노인의 성에 대한 오해 | 063

    3. 노년기 성생활의 의의 | 065

    4. 노인 성교육 프로그램 | 072

4장 _ 노년의 인지능력과 학습 | 074

    1. 노인의 인지능력 | 075

    2. 노인학습의 특성 | 081

    3. 노인교육의 장애 요인 | 083

    4. 노인교육의 이론과 실제 | 086

5장 _ 영화를 통해 본 노년의 케어기빙 | 094

    1. 돌봄을 필요로 하는 치매 노인 | 096

    2. 케어기버의 삶과 시각 | 100

    3. 케어기빙(Caregiving)의 기본 원리 | 104

    4. 인간의 존엄성과 생의 마지막 순간 | 108

제2부

실버목회와 신앙

6장 _ 성경으로 조명한 노년의 가치 | 116

　　1. 성경적 노년의 분류 | 117

　　2. 구약성경의 노인 호칭과 의미 | 118

　　3. 신약성경의 노인 호칭과 의미 | 122

　　4. 성경이 조명한 노인의 삶 | 124

7장 _ 실버목회 프로그램 | 134

　　1. 실버목회 프로그램의 목적 | 135

　　2. 실버목회 프로그램의 고려사항 | 139

　　3. 실버목회 프로그램의 개발 및 평가 | 142

　　4. 실버목회 프로그램의 현황 및 사례 | 147

8장 _ 노년의 신앙과 서비스 러닝 | 152

　　1. 노년의 섬김과 나눔 | 154

　　2. 노년의 신앙발달 | 156

　　3. 서비스 러닝의 개념과 특징 | 160

　　4. 서비스 러닝의 사례 | 163

9장 _ 간세대 교육과 신앙전수 | 175

1. 간세대 교육이란? | 177

2. 주요국의 간세대 교육 | 181

3. 간세대 교육과 신앙 | 183

4. 간세대 교육 프로그램의 실제 | 187

10장 _ 죽음교육과 신앙 | 191

1. 죽음에 대한 구약성경의 이해 | 192

2. 죽음에 대한 신약성경의 이해 | 194

3. 죽음에 대한 인식 | 195

4. 죽음교육 | 200

11장 _ 삶과 죽음의 윤리 | 206

1. 만성질환자에 대한 돌봄의 윤리 | 207

2. 안락사 논쟁 | 212

3. 병원심방과 호스피스 사역 | 217

4. 삶과 죽음의 윤리 | 221

에필로그 | 224
참고문헌 | 227

프롤로그

　로마의 가부장적 전통은 노인에게 막강한 권력을 부여하였다. 외교를 장악하고 지휘하는 원로원의 터줏대감이 되는 것은 물론이고, 기독교가 로마에서 공인되고, 국교가 된 이후에는 교황들이 고령의 나이에 선출되었고, 수많은 성직자들이 노년까지 자리를 지킬 수 있었다. 중세 이후 흑사병이 유럽을 휩쓸었을 때에 주로 면역력이 약한 어린이들과 상대적으로 면역의 경험이 적은 젊은 성인들의 사망률이 훨씬 높았다. 따라서 노인 연령층의 비율은 눈에 띄게 증가하였고, 가족을 잃은 노인들의 삶은 피폐해졌다.

　젊음과 아름다움을 추구하는 16세기 르네상스 시대에 이르러는 노년과 죽음을 터부시하는 사회적 분위기가 형성되기 시작했고, 18세기 이후 근대화의 물결을 타고 위생상태가 개선되고 젊은이들의 인구 구성 비중이 급격히 증가하면서 노년에 대한 반감은 심화되었다. 20세기 이후에 도시화와 핵가족화로 인해 가부장적 전통이 쇠퇴하면서 노년은 위기를 맞이하고 있다.

· · ·

　연령차별주의 또는 에이지즘(Ageism)은 연령에 따른, 특히 노인을 향한 왜곡된 신념과 태도에 기인한 편견과 차별을 의미한다. 인종차별주의(Racism), 성차별주의(Sexism)와 함께 연령차별주의는 하나님의 형상으로 창조된 인간의 가치를 폄하하는 죄악이다. 그러한 잘못을 조장하는 근본적인 원인은 노화와 노인에 대한 무지인 셈이다.

　정보화와 인공지능(AI: Artificial Intelligence)에 의한 자동화와 네트워크가 극대화되는 4차 산업혁명 시대를 맞이하여 암기 지식은 더 이상 효과적이지 못하게 되었다. 겉으로 드러나는 학위 역시 그 자체로는 인정받기 어려우며, 단순히 정보와 지식에 의존하는 것이 아니라 삶의 문제를 해결하는 새로운 지식과 가치를 창출해 낼 수 있는 혜안이 요구되는 시대가 되었다. 따라서 노년의 지혜는 더욱 빛을 발하게 된 새로운 시대가 열리고 있는 것이다.

1부

노년의 이해

1장 _ 노령인구의 증가와 도전

2장   노년의 개념 및 노화 이론

3장 _ 노년기의 발달과 성

4장 _ 노년의 인지능력과 학습

5장 _ 영화를 통해 본 노년의 케어기빙

소설가 박경리(1926-2008)는 경상남도 충무(현 통영) 출생으로 진주여고를 졸업하고, 1955년 김동리의 추천으로 단편『계산』, 1956년 단편『흑흑백백』을「현대문학」에 발표하며 등단하였다. 가톨릭 신자인 그녀는 2008년 뇌졸중으로 사망하기 전에 "다시 젊어지고 싶지 않다. 모진 세월 가고 아아... 편안하다. 늙어서 이렇게 편한 것을... 버리고 갈 것만 남아서 참 홀가분하다."라는 말을 신앙 안에서 편안히 남겼다. 노년이란 이렇듯 노쇠한 육체를 초월하는 멋을 즐기는 때이며, 삶에 대하여 집착하지 않는 여유로운 시기이다.

소설가 박완서(1931-2011)는 황해북도(당시 경기도) 개풍군 출생으로 서울대학교 국문과를 중퇴하고, 40세에「여성동아」의 장편소설 공모전에『나목』이 당선되어 등단하였다. 이후 왕성한 작품활동을 하다가 2011년에 담낭암으로 별세하였다. 원래 불교신자였던 그녀는 1988년, 남편과 아들을 연달아 잃고 가톨릭에 귀의하였고, 신앙 안에서 편안한 임종을 맞이하였다. 그녀 역시 세상을 떠나기 몇 달 전에 "나이가 드니 마음 놓고 고무줄 바지를 입는 것처럼 나 편한대로 헐렁하게 살 수 있어서 좋고, 하고 싶지 않은 것을 안 할 수 있어서 좋다." "다시 젊어지고 싶지 않다. 하고 싶지않은 것을 안 하고 싶다고 말할 수 있는 자유가 얼마나 좋은데 젊음과 바꾸겠는가?," "다시 태어나고 싶지 않다. 난 살아오면서 볼 꼴, 못볼 꼴, 충분히 봤다. 한 번 본 거, 두 번 보고 싶지 않다. 한 겹, 두 겹, 어떤 책임을 벗고 점점 가벼워지는 느낌을 음미하면서 살아가고 싶다. 소설도 써지면 쓰겠지만 안 써져도 그만이다."라는 말들을 뒤로하고 가벼운 마음으로 세상을 떠났다.

노년은 이렇듯 기쁨의 시기요, 초월의 시기이다. 발달심리학자 에릭

에릭슨(Erik Erikson, 1950)은 정신분석학자 지그문트 프로이드(Sigmund Freud)가 주장한 다섯 단계의 발달을 여덟 단계로 확장하고 각 단계별로 극복해야 할 심리사회적 위기와 발달의 과업을 제시하였는데, 에릭슨의 사후에 그의 아내 조앤 에릭슨(Joan Erikson)이 남편의 연구를 바탕으로 아홉 번째 단계를 추가하며, 이를 "geron-transcen-dance"라고 명명하였다(최성훈, 2016a, 216-218). 이는 노년을 의미하는 "geron"에다 초월이라는 의미의 "transcendence"라는 단어의 어미를 "dance"로 바꾼 것으로서 노년이란 쇠퇴해가는 육체가 죽음을 향해 달려가는 존재적 한계를 초월하는 시기라는 것이다(Erikson and Erikson, 1998, 127). 이는 결국 노년은 인생의 희로애락을 초월하는 기쁨의 춤(dance)을 출 수 있는 단계라는 사실을 적절히, 또한 재치 있게 강조한 것이다.

  1부에서는 노령인구의 증가와 관련하여 노화 및 노인발달에 대한 이론, 노인의 성, 노인의 인지능력과 학습 등을 조명하여 노년에 대한 이해를 함양하고, 동서양의 영화 두 편을 통해 노년의 케어기빙에 대하여 살펴볼 것이다.

1장

노령인구의 증가와 도전

세계보건기구(WHO: World Health Organization, www.who.int)에 의하면 국가별 기대수명(Life expectancy by country)은 2015년말 현재 71.4세(여 73.8세, 남 69.1세)이다. 이는 2000년에 비하여 5년이 연장된 것으로서 우리나라는 기대수명이 81세(여 84.5세, 남 77.5세)로서 세계 26위에 해당한다.[1] 1위는 86.5세의 모나코, 2위는 84.6세의 일본이며, 안도라(84.2세), 싱가폴(84세), 홍콩(83.8세), 호주(83세), 스웨덴(83세), 스위스(82.8세), 캐나다(82.5세), 프랑스(82.3세) 등이 뒤를 잇고 있다.

주요 선진국 중에서는 독일과 영국이 81세, 미국 79.8세, 덴마크 79.5세이며, 한편 중국은 74.2세, 러시아 70세, 그리고 북한은 69세를 기록

---

[1] 수명이란 개인이 얼마나 오랫동안 생존을 유지할 수 있는지를 나타내는 지표로서 평균기대여명(average life expectancy), 활동수명(useful life expectancy)과 최대수명(maximum life expectancy)으로 구분된다(장휘숙, 2007, 331). 평균기대여명은 특정한 해에 출생한 사람들의 절반이 사망하는 연령이며, 활동수명은 개인이 만성질환이나 특정한 장애없이 자유롭게 활동할 수 있는 기간이며, 최대수명은 생존의 최대치를 의미한다. 일반적으로 인간의 수명은 유전의 영향과 환경적 영향에 의해 결정된다(Hayflick, 1998; Perls and Terry, 2003).

하고 있다. 그러나 수명이 연장된 사실 자체로 단순히 기뻐할 수 없는 것은 건강한 신체와 풍요로운 정신으로 누리는 삶의 질이 더욱 중요하기 때문이다. 기대수명의 연장과 함께 삶의 질을 유지하도록 하기 위하여 다방면에서의 노력이 필요해진 것이다. 우선 노인층에서도 상대적으로 고령에 속하는 노인들의 건강 및 장기요양보호서비스에 대한 수요 증진에 대비하여야 하며, 교회 역시 정부 및 사회복지시설과 연계, 협력하여 이를 지원하여야 할 것이다.

1. 노령인구의 증가

통계청(www.kostat.go.kr) 자료와 최근 연구에 의하면 우리나라는 2017년에 고령사회에 진입하고, 2026년에는 초고령사회에 들어갈 전망이다(김승건, 2016, 132).[2] 통계청의 "2016 고령자 통계"에 의하면 2015년말 현재 한국의 노년부양비[3]는 18.1명으로서 15~64세의 생산가능인구 5.5명이 고령자 1명을 부양하며, 노령화지수(Ageing index)[4]는 95.1로 2005

---

[2] UN(United Nation)의 분류에 의하면 전체 인구 중에서 65세 이상의 인구 비중이 7% 이상이면 고령화사회(ageing society), 14% 이상은 고령사회(aged society), 20% 이상은 초고령사회(super-aged society)에 해당한다. 한편 김미곤(2016)은 2017년 고령사회 진입에 이어 초고령사회 진입은 예상보다 앞당겨져서 2025년에 진입할 것으로 선망했다.

[3] 노년부양비는 65세 이상 인구를 경제활동인구인 15~64세 인구로 나눈 비율로서 18.1이라는 숫자의 의미는 경제활동인구 100명이 65세 이상 노인 18.1명을 부양해야 한다는 것이다. 따라서 노인 한 명을 부양하는 생산가능인구의 수는 5.5명인 셈이다.

[4] 노령화지수는 14세 이하 유소년인구 100명에 대한 65세 이상 고령 인구의 비율로서, 이 지수가 높아질수록 전체 인구에서 노인인구가 차지하는 비중이 높은 것이며, 노령화지수의 상승은 노년층 부양에 대한 부담 증가로 이어져 사회적 활력이 저하될 것으로 예상된다.

년의 48.6에 비해 10년 만에 두 배로 증가하였다. 통계청은 지난 2006년에는 2018년에 고령사회로 진입하고 2026년에 초고령사회(20.8%)로 진입할 것을 예상했다가 2013년에는 2017년에 고령사회에 진입하고 노년의 인구가 2030년에는 24.3%, 2040년 32.3%, 그리고 2050년에는 인구의 1/3에 달하는 37.4%가 노령인구가 될 것이라는 수정 전망을 내놓았다.

우리나라의 노령인구 증가세는 전 세계에서 유례를 찾아볼 수 없을 정도로 가파르다. 일례로 프랑스의 경우 고령화사회에서 초고령사회로 진행하는데 155년이 소요되었고, 고령화 속도가 빠르다고 알려진 일본의 경우에도 36년이 소요될 것으로 예상되지만 우리나라의 경우 불과 26년 만에 초고령사회에 이를 것으로 예상되고 있다(권중돈, 2016, 28). 평균수명의 연장과 출산율 감소라는 기본적인 요인 외에도 2010년 현재 전체 인구의 14.6%에 해당하는 713만 명에 이르는 베이비부머 세대(baby boomer; 1955~1963년생)가 일시에 노년층으로 편입되는 것이 가장 결정적인 원인이며, 현재의 고령화 속도는 우리 사회가 경제적으로 감당하기 어려운 부담을 초래하므로 위험 요인으로 작용할 가능성이 높다(권중돈, 2016, 28-29).

1) 세계적인 인구 구조의 패턴

전 세계적으로 나타나는 인구 구조 변화의 가장 큰 특징은 노인인구의 절대 숫자와 인구 전체에서 차지하는 상대적 비율이 증가한다는 점이다. UN(2015b)에 의하면 전 세계적으로 인구증가율은 둔화되고 있지만 출산율 저하와 평균수명 연장으로 인하여 2015년 9억 명이던 60세 이상 인구는 매년 3.3%씩 증가하여 2050년에는 21억 명에 달하여 세계 인구의 21.5%를 차지할 것으로 예상된다. 특히 개발도상국의 노령인구의 증가가 가장 빠를 것으로 예상되며, 선진국은 2050년에 60세 이상 인구가 전체 인구의 1/3에 이르고, 저개발국가 역시 1/5에 달할 것으로 예상하고 있다.

노령인구 증가의 배경은 보건의료기술의 발전과 건강에 대한 관심, 영양 및 위생환경의 개선 등으로 평균수명이 증가하는 반면 사망률은 감소하기 때문이다(UN, 2015a). 또한 노동력이 경제적 부와 직결되던 농경사회에서 기계가 노동력을 대체하는 산업사회로의 전이에 따라 출산율이 저하된 것도 그 원인이다.

또한 세계보건기구(www.who.int)의 건강통계에 의하면 성별에 따라 평균수명의 차이를 보이는데, 한 마디로 "노년의 여성화"라고 일컬을 수 있을 정도로서 80세 이상 인구에서 여성 100명 당 남성비율은 69명에 불과한 성차를 보이고 있다. 남녀 평균수명의 차이는 한국과 일본, 유럽연합(EU: European Union) 각국은 약 7년, 대만과 캐나다 6년, 미국과 호주 등은 5년의 격차를 보이고 있다.[5] 세계보건기구는 한국 여성이 남성

---

5 세계보건기구(WHO)와 영국 임페리얼칼리지런던(Imperial College London)은 경제협력개발기구(OECD) 35개 회원국의 기대수명을 분석한 논문을 2017년 2월, 영국 의학저널 "랜싯"(The Lancet)에 실었다. 본 연구에 의하면 2030년에 태어나는 한국 여성의 기대수명은 90.82세에 이를 것으로 예측되었는데, 조사 대상국 남녀 중에 기대수명이 90살을 넘는 집단은 한국 여성이 유일했다. 한국에 이어 프랑스(88.55), 일본(88.41), 스페인(88.07), 스위스(87.07) 등이 뒤를 이었다. 2030년생 한국 남성의 기대수명도 84.07살로 세계 1위를 기록했다. 오스트레일리아(84.00), 스위스(83.95), 캐나다(83.89), 네덜란드(83.60) 등이 뒤따랐다. 우리나라 남녀 모두의 기대수명이 대폭 증가한 원인으로는 한국인들이 교육과 영양의 혜택을 더 많은 사람들이 더 평등하게 누리고, 고혈압을 잘 관리하고 있으며, 비만

보다 장수하는 3대 요인으로서 남성이 여성의 1.8배인 암 사망률, 2.8배인 교통사고 사망률, 그리고 2.4배인 자살률을 제시하였다.

2) 사회적 변화

현대 사회는 경제적, 문화적, 교육관의 변화를 거치며 노년 인구의 증가와 발을 맞추고 있다. 우선 생산성을 중시하는 추세에 따라 과거 중화학, 건설, 설비산업에서 교육, 의료, 복지산업으로 산업이 추가 이행하고 있고, 금전소비에서 시간소비로 소비행태가 변화하고 있다. "생산 --〉 소비 --〉 폐기"로 이어지는 흐름에서 "생산 --〉 소비 --〉 재활용"으로 생산-소비 형태가 변화함으로써 노년의 재생산에도 관심이 집중되고 있다.

문화적 측면에서는 젊은 세대 중심에서 연령초월 문화로 변천하고 있는데, 생물학적 연령을 강조하는 연령제한사회에서 기능적 연령을 중시하는 연령초월사회로 이행함에 따라 업적주의와 개인주의가 심화되고 있다. 평균수명의 연장으로 인해 고령사회를 맞이하며 평생교육의 중요성이 대두되며 평생학습의 개념이 강화되고 있다. 이에 따라 노년에 대한 바른 이해를 바탕으로 한 노인교육 프로그램 개발이 필요하고, 사회

률이 세계 최저 수준이기 때문이라고 연구팀은 분석하였다. 전통적으로 남성들은 음주와 흡연 등 건강하지 않은 생활습관으로 인하여 기대수명이 여성들에 비하여 더 짧았고 교통사고 사망과 자살도 더 많았지만 현대 사회에서는 남녀간 생활 스타일이 점차 비슷해지면서 기대수명의 남녀 격차가 줄어드는 추세도 확인되었다. 연구팀은 인간의 기대수명이 늘어남에 따라 국민연금과 고령자 돌봄 서비스 부문 등에서 더욱 큰 과제들을 안고 있음을 지적하였다.

복지, 상담 등 타 학문과의 연계를 요구하고 있다.

2. 노인문제의 발생 요인

고령사회를 맞아 노인들이 겪는 문제들은 인구학적 요인, 가족관계 요인, 사회문화적 요인, 경제적 요인, 건강과 심리의 요인 등에 기인한다. 우선 인구학적인 요인을 살펴보면 평균수명의 연장 및 고령 인구의 증가가 근본적인 원인인데, 우리나라의 경우, 짧은 시간에 고령 인구가 급증하였고, 이에 따라 기능장애 노령인구도 가파르게 증가하였다. 특히 일반인들의 경우 고령화와 저출산으로 인해 유소년층이 얇고 중, 장년층이 두터운 방추형의 형태를 보이는 데 비하여 장애인구는 유소년층의 비율이 현저히 낮고 고령 인구가 월등히 많은 역피라미드 형태를 띠고 있기 때문에 사회복지의 주요 대상이 된다(황주희 외, 2014, 169-172).

산업화, 도시화, 핵가족화와 함께 농촌 지역의 고령화가 심화되고 있고, 여성 취업기회가 증가하는 한편, 가족의 부양능력이 약화되었으며, 이로 인해 전통적인 효의 가치관이 변화하고 있다. 현재 한국 사회의 노인문제의 핵심은 경제문제로서 1988년에 도입된 국민연금제도가 미성숙하여 노인의 경제적 빈곤을 해결할 수 있는 방안은 매우 제한적이다. 경제위기로 인한 조기퇴직도 노령인구를 부양할 경제활동인구의 축소를 유발해서 어려움을 가중시키고 있다. 과거에는 만 55세에 정년퇴직을 해야했지만, 300인 이상 근로자를 보유한 사업장은 2016년부터, 300인 이하의 사업장은 2017년부터 정년퇴직 연령을 만 60세로 연장한 것은 바람직한 정책이며, 향후 임금피크제와 퇴직연령을 연계하여 기본적인 건강을 유지할 경우 더 오래 근무할 수 있는 여건을 마련하고 관련제도를 정비하는 것이 요청된다. 노령기의 연장과 더불어 노년취업의 어려움의 문제가 수면 위로 떠오르고 있으며, 자녀 교육비의 과다 지출과 가족의 부양기능 저하로 인해 고령자의 경제문제는 반드시 해결해야 할 과제이다.

고령화 가속으로 인해 노인의 질병과 건강문제도 점차 그 중요성이 더해가고 있다. 보건복지부(www.mohw.go.kr) 및 오영희(2014, 31)에 의하면 노인의 만성질환유병율은 89.2%로서 65세 이상 고령자는 의사의 진단을 기준으로 평균 2.9개의 만성질환을 보유하고 있으며, 진단을 받지 않은 사례를 감안하면 노인의 만성질환 보유율은 이보다 훨씬 높을 것으로 추산된다. 고령화의 진행, 의료기술의 발전, 기대여명의 증가, 생활습관 등으로 만성질환 유병률이 증가하고 있고, 이에 따른 개인과 사회의 부담이 급증하고 있다(정영호 외, 2013). 65세 이상의 인구 중에 만성질환을 보유하지 않은 비율은 4.7%에 불과하며, 1개의 만성질환 보유율은 14.1%, 2개는 20.7%, 3개 이상을 보유한 복합만성질환자의 비율은 60.5%나 되었다(정영호 외, 2013, 85).

통계청의 자료에 따르면 2014년 현재, 기대여명은 81.8세이나, 건강수명은 65.2세에 불과하여 16.6년의 격차가 발생한다. 이는 약 17년을 질병을 안고 보내야 한다는 뜻으로 의료비 지출부담 및 간병인력, 복지시설 부족이 중요한 문제로 대두되고 있으며, 장기보호를 요하는 중증장애 노령인구가 증가함에 따라 대책 마련이 시급한 실정이다. 또한 신체적 질병뿐만 아니라 한국 사회의 노인문제는 역할 상실 등의 심리 문제를 포함하는데, 은퇴로 인해 제도적 역할이 종료됨에 따라 직장, 사회 활동 등 2차 집단 관련 역할이 약화되고 가족, 친구, 이웃 중심의 1차 집단 관련 역할이 강화되는데, 이에 따라 고독 및 소외의 문제가 대두되고 있다. 보건복지부의 2014 노인실태조사 자료에 의하면 우리나라 노년인구의 33.1%가 우울 증상을 보이고 있으며, 연령이 높을수록, 소득이 낮을수록, 그리고 여성일수록 우울 증상의 경험 빈도가 높았다.

3. 노인문제와 노인복지

노인문제는 필연적으로 노인에 대한 서비스를 제공하는 노인복지를 요구한다. 노인복지는 광의의 의미로는 전체 노년층의 생활 안정, 의료, 직업, 주택, 여가 등을 보장하는 것을 의미하지만 협의로는 퇴직, 빈곤, 사별, 상실 등 여러 가지 요인으로 발생하는 생활곤란, 고독, 욕구불만 등을 겪는 노년을 대상으로 하는 개별 부조 또는 지원을 뜻한다.

유엔(UN: United Nation)은 1991년 총회에서 "노인을 위한 유엔 원칙"(United Nations Principles for Older Persons)을 발표하여 독립, 참여, 보호, 자아실현, 존엄을 노인복지의 기본 원칙으로 제시하였다. 요약하면, 노인복지의 문제는 사회적 보호가 필요한 노인계층에 대한 기초생활의 보장과 상대적으로 건강하고 여유가 있는 노인들에 대한 삶의 질 향상이라는 두 가지 과제를 동시에 지니고 있다(권중돈, 2016, 33).

1) 은퇴의 준비

은퇴는 수입의 상실과 함께 사회적 지위의 상실을 가져오기 때문에 노년의 정체감에 있어서 위협 요인으로 작용한다(장휘숙, 2007, 324). 은퇴가 유발하는 두 가지 상실은 은퇴쇼크와 은퇴파산으로 연결되는데, 은퇴쇼크란 인간관계의 상실로 인해 유발된 것이며, 은퇴파산은 경제력의 상실에 초점을 맞춘 개념이다. 준비하지 못한 은퇴는 보다 부정적 결과를 야기하는데, 특히 본인 스스로 결정한 것이 아니라, 엄격한 기업 구조하에서 타인에 의한 은퇴 결정인 경우에 심리적 충격이 가중된다.

직업으로부터의 갑작스런 분리는 삶에 대한 상실감과 소외감을 증대시키며, 불리한 직장의 상황 또는 질병으로 인한 은퇴는 지속적 좌절 경험을 야기한다. 이에 대한 대응방안으로서 은퇴를 대비한 사전교육을 통해 은퇴를 자각하는 한편, 은퇴를 대비하도록 도울 수 있으며, 동시에 은퇴 이후의 삶에 대한 교육을 통해 변화된 삶의 상황을 새로이 시작된 삶의 단계로 받아들이고 설계할 수 있도록 지침과 도움을 제공해야 한다.

2) 인구 고령화와 고령자 취업교육

노인인구의 증가는 경제활동인구의 감소로 직결되어 노동력 부족을 야기하며, 정년이 연장된다 하더라도 고령층이 차지하는 상대적 비중이 높기 때문에 전반적인 생산성이 저하될 위험이 있다. 21세기 노동시장은 노동력의 증가속도가 감소하며(기영화, 2007), 서비스 산업 발달로 노동의 형태와 종류가 급증하는 등, 노동력이 다양화되는 특징을 보인다. 또한 국제화로 인하여 국가간 노동자의 교류가 확대되는 한편, 45세 이상 중고령 노동 인구가 꾸준히 증가하는 모습을 보이며, 전 직종이 컴퓨터와 정보 기술의 영향을 받는다.

고령자의 취업교육은 1981년 잉글랜드 선언을 통해 이슈화가 되었는데, 그 주된 내용은 고령자 교육훈련의 철학적 기초를 제공하는 평생학습 이념의 토대, 아동, 청소년 교육과 고령자 교육기회의 조화, 교육예산의 균형배분, 고령자를 위한 모든 교육기관의 학습기회 개방, 고령자들의 특성 고려 등을 포함한다. 1993년 유럽연합(EU: European Union)은 "유럽 노인의 해"를 선포하였고, 고령자들의 교육권을 회복하기 위해 영국, 프랑스, 독일, 이탈리아, 네덜란드(본부 소재)에서 "유로링크 에이지"(Eurolink Age)를 설립하여 고령자들을 위한 직업교육 훈련 프로그램 개발과 정보공유에 주력하고 있다.

미국의 경우 고령자 직업훈련은 1963년 케네디 대통령 재직시 백악관 농림정책 자문위원이던 짐 패턴(Jim Patton)에 의해 제안되어 1965년 고령자직업훈련법, 1967년 고령자취업차별금지법, 1983년 직업훈련협력법, 1984년에 직업교육 등의 관련법이 제정되었다. 1965년에는 민, 관 합동의 교육훈련기관인 그린썸브(Green Thumb)를 설립하여 응급실 보조, 응급실 전화상담, 육아, 초, 중등학교 보조교사, 도서관 사서보조, 지역사회 정화 및 환경보호업, 컴퓨터 오퍼레이터 등의 직업훈련을 실시하였다.

북미와 유럽의 직업훈련과 관련된 정책에서 고령자는 직장경력을 지닌 55세 이상의 인구를 의미한다. 평생학습 개념의 정착으로 고령자에 대한 정의는 연령상 정의보다 사회적 연령의 기준으로 접근해야 한다는 견해가 우세해지고 있는데, 직업을 기준으로 분류한다면 직업기와 직업 후 시기로 구분할 수 있다. 그러나 개인에 따라 사회적 연령은 다양하게 나타날 수 있는데, 일례로 실직이나 조기 퇴직의 경우, 비직업기는 40세 일 수도 있고, 개인사업자의 경우 80세 이후일 수도 있다.

모든 고령자는 직업과 학습의 요구를 갖고 있기 때문에 고령자 직업 교육을 통해 그러한 욕구를 실현하는 한편 경제적 안정을 제공할 수 있다. 또한 고령자는 사회의 발전을 주도할 지적 자본(직무기술과 경험)을 구성하는 한 요소로서 고령자 직업교육은 고령화 사회로의 진입과 노동 시장의 노령화 현상에 대처하는 효율적인 수단이다. 고령자의 직업생활 은 경제활동의 중요한 부분을 차지하며, 따라서 고령자의 직업교육훈련 은 모든 국민을 위한 평생교육의 일환으로서 수행되어야 한다.

1980년 국제노동기구(ILO: International Labour Organization)는 고령자 들이 적절한 고용요건을 갖추고 고령자에 대한 차별을 금지하도록 권장 하였다. 이에 따라 우리나라는 1992년 7월에 고령자 고용촉진법을 제정 하였으나 수년 후 발생한 IMF 구제금융 위기가 발생하여 대량실업으로 인한 재취업교육이 청, 장년층에 초점을 맞추게 되며, 고령 실직자들의 취업교육을 등한시하게 되었다. 우리나라의 고령자 직업훈련의 중심에 는 한국산업인력공단과 지역사회 복지관이 있는데, 고령자를 인적자원 으로 활용하기 위한 장기적 차원의 교육훈련보다는 취업과 직접적으로 연관된 부분에 중점을 두는 한계를 드러내고 있으며, 고령 인구에 대한 사회적 편견을 극복하는 것도 또 다른 과제이다.

우리나라의 주요 고령자 직업훈련 기관으로는 전국 69개 훈련기관에

1~4주 위탁교육을 실시하는 한국산업인력공단, 서울시 거주, 만 55세 이상의 중고령자를 대상으로 경비원, 아동 도우미, 주차관리원, 건물환경 관리원, 텔리마케터, 주유원, 분야별 실무번역, 컴퓨터 활용, 창업, 광고모델, 배달원 등의 교육을 실시하는 서울시 고령자 취업알선센터가 있다.

이외에도 보건복지부가 2001년 이후 새로운 노인복지의 관점에서 시작하여 택배, 실버피스(노인 전문 케어), 숲생태보호 지도자, 씨니어 봉사대, 거리환경 지킴이, 문화재 해설사업, 유기동물 보호사업 등의 취업을 알선하는 씨니어클럽, 고령자고용촉진법에 의해 대한은퇴자협회가 운영하는 고령자인재은행, 정부의 지원을 받아 정원수 손질, 공원청소, 가사원조 등 노인들의 일자리를 창출하는 실버인재센터, 고용노동부 워크넷(www.work.go.kr), 실버인력뱅크 등이 있다.

고령자 직업훈련의 문제점으로는 고령자 직업에 대한 인식 부족 및 단순 노무직화, 고령자의 직업훈련을 촉진하는 법안 부족, 고령자들의 근무능력에 대한 사회적 편견, 고령자 직업훈련을 실시하는 조직 부재 등이 있다. 따라서 이를 해결하고 고령자 직업훈련을 활성화시키기 위한 방안으로서 법적, 행정적 제도 정비, 고령자 직업교육훈련상담소의 상설기관 설치, 고령자에게 적합한 직업환경 구축, 고령자 직업에 대한 사회적 인식전환 캠페인 벌이기 등이 제시되고 있다.

고령사회는 경제력있는 고학력의 노년 인구가 증가함에 따라 과거의 전통적 가치보다는 지식정보화와 관련된 지식기반 가치중시로 평생교육에 대한 수요 증가 및 기대수명연장으로 인한 노년기의 유익한 사용을 위한 교육적 수요가 증가할 것으로 예상된다. 따라서 단순히 과거의 생산성 위주의 개념에 갇혀 있어서 노인과 청장년 사이에서 일자리를 두고 경쟁을 벌이는 파이게임(Pie Game)이 아니라 새로운 시장을 창출하여 서로가 윈-윈(Win-Win)할 수 있는 블루오션(Blue Ocean)을 지향하는 인식 전환이 요청된다.

3) 가족관계 변화와 노인 주거지 환경

가족구성이 소가족 구조로 변화함에 따라 가족 구성원 간, 공간적 거리와 경제적 독립으로 인한 분리가 초래되고 있다. 그러나 소가족의 발전이 노년층과 자녀, 손자 세대와의 단절을 의미하지는 않으며, 오히려 주거공간의 비분리가 독립공간에 대한 침해로 인하여 세대 간 마찰을 야기하는 경우가 많다는 점을 주지해야 한다. 공간적 분리를 통해 감정적 결합이 촉진되는 긍정적 효과는 젊은 층뿐만 아니라 노년층의 다수가 비의존적이고 주체적인 삶을 희망한다는 사실과 연결되어 있다.[6]

노인의 주거지는 현대적이지 않은 불리한 형태를 보이는 경우가 많은데, 노화에 따라 주거면적 소비는 감소하나 대부분의 노인들이 불편함을 감수하고 현상유지를 희망하기 때문이다. 자택은 노인에게 있어서

---

6 스스로 일상생활을 영위할 수 없어서 시설에 입소하는 경우에도 자신이 원하는 가구나 자신에게 친숙한 물품을 가지고 가서 오롯이 자신만의 공간을 꾸미는 것은 노년에게 있어서 매우 중요한 주체성을 부여한다. 미국 오바마 행정부의 보건부 차관보를 지낸 첫째 아들 고경주, 국무부 차관보급인 법률고문이었던 셋째 아들 고홍주 등, 6명의 자녀를 훌륭하게 양육하여 1988년에 미국 교육부에 의해 동양계 미국인 가정 교육 연구대상으로 선정되어서 주목을 받았던 전혜성은 노쇠하여 시설입소를 결정하게 된 후에도 이왕 변화를 맞이할 바에는 자신만의 스타일로 자신의 공간을 꾸미는 편이 낫다고 의연히 주장하였다(전혜성, 2010, 195-198).

독립적인 삶의 패턴을 유지하고자 하는 욕구를 충족시키는 주체적인 만족의 근원으로서 노인들은 주거지를 기준으로 자신의 환경을 구분하고 인간관계를 구분한다.

또한 노년기에는 집에서 보내는 시간이 증가하므로 노년의 신체적 특징에 부합되는 구조 개발이 필요하며, 안전과 편의를 핵심 고려사항으로 하여 채광과 통풍조건이 양호하고, 화장실의 근접성을 확보하는 한편, 2대, 3대 가족이 주거하는 공간이 복층 구조일 경우 노인이 아랫층을 사용하도록 하여 무리가 없는 동선을 제공해야 한다. 미국의 경우 노인인구 증가로 인해 주택가격이 전반적으로 하락하고 주택에 대한 수요도 낮아질 것으로 예측하였지만 온화한 기후를 바탕으로 노인이 생활하는 데 적합한 캘리포니아와 조지아 주 등의 남부 지역은 오히려 부동산 시장이 활성화되고 있다.

우리나라의 경우 국토가 좁고 자녀와 별거하는 노인의 비율이 증가하며, 1인 가구의 수가 증가함에 따라 소형주택의 경우 지속적인 수요를 바탕으로 부동산 가격이 강보합세를 보일 가능성이 높으며, 청년층의 실업문제로 인해 2대, 3대가 함께 거주하는 경우가 늘어남에 따라 중대형 평형의 주택 수요도 견조할 것으로 예상된다.

노화에 따라 신체적 장애가 발생할 경우에는 시설에 입소하는 것이 필요할 수 있다. 시설입소는 개인의 재량과 자율권의 감소, 사생활 침해, 행동반경의 축소, 생활의 질 저하 등의 면에서 부정적이지만, 의료서비스의 용이한 획득, 안전하고 위생적인 환경 제공, 규칙적인 식사와 생활습관 유지, 운동과 다양한 여가활동의 기회 제공, 입소자들과의 관계형성을 통한 사회적 접촉의 확대 등의 긍정적인 면도 있다(Volicer and

Brenner, 2003). 일례로 치매의 악화로 인하여 자신의 집을 찾지 못하고, 돌봄을 제공할 가족과 친지가 없는 경우, 또는 질병의 악화에 따라 신체적 기능이 급격하게 저하된 시점에서는 오히려 시설입소는 삶의 질을 개선하는 효과를 발휘한다.

4. 세계 각국의 대처방안: 노인교육 중심의 사례

미국은 1962년 노년에 관한 대통령특별위원회를 설치한 이후 필요시마다 회의를 소집하여 노년층 관련 정부의 시책을 조정하고 있다. 일본은 1995년 "본격적인 고령사회에의 대응"이란 주제로 고령사회대책기본법을 제정하는 한편, 총리부에 고령사회대책회의를 설치하여 고령사회대책안의 작성 및 대책에 필요한 관계기관과의 협조를 통해 고령 문제에 대처하고 있다. 우리나라도 2000년 7월, 국무조정실에 노인보건복지대책위원회 및 노인보건복지대책 실무기획단을 설치하여 노인 관련 문제에 대응하고 있다. 우리나라의 노인교육과 관련한 현황은 4장, "노년의 인지능력과 학습"에서 더 자세히 다루기로 하겠다. 다음은 노인교육을 중심으로 한 세계 각국의 노인문제 대처방안이다.

1) 프랑스

프랑스는 1864년에 고령화 사회에 진입함으로써 세계에서 가장 빨리 고령화 사회에 도달한 국가가 되었다. 이후 115년만인 1979년에 고령사회에 진입하였고, 2019년에 초고령사회의 진입이 예상된다(UN, 2013). 프랑스는 시민연대협약[7]의 제공을 통해 결혼하지 않고 동거 중인 커플의 자녀에 대한 합법적 지위를 보장하는 등 파격적인 출산장려 정책과 적극적인 대체이민 정책을 통하여 세계 최저 수준의 출산율을 증가세로 돌려놓음으로써 고령화 속도를 늦추는데 성공한 대표적 사례로 꼽히기도 한다(한정란, 2015, 84).

프랑스에서는 출생 후 교육을 통해 사회에 진출할 준비를 하는 "제1기 인생"(The First Age), 사회인으로서 왕성하게 활동하며 자녀를 양육하는 시기인 "제2기 인생"(The Second Age), 중년과 노년의 중간시기로서 여전히 활동적인 시기인 "제3기 인생"(The Third Age), 그리고 삶을 마감하는 단계인 "제4기 인생"(The Fourth Age)으로 구분하여, 노인이라는 용어를 대신하여 "제3기 인생"(The Third Age)이라는 용어를 사용한다.

제3기 인생의 중요성을 인식하고 출범한 프랑스의 대표적 노년교육기관은 제3기 대학, 즉 "U3A"(University of the Third Age)로서, 이는 1973년 툴루즈대학(Toulouse University)에서 처음 시작되었다. 대부분의 프랑스 U3A는 대학의 교육 과정과 연계하여 30학점으로 운영하며 주로 인문학과 예술을 중심으로 구성된다. U3A는 제3기 노인에게 풍요로운 대학 환경에서 삶의 경험을 통합하도록 하고, 노인의 교육적 지식과 인지적 능력을 향상시킴을 통해 자신들의 경험에서 스스로 도움을 받도록 하며, 지식 향상을 통해 그들을 둘러싼 환경 변화에 보다 더 잘 적응하

---

[7] 시민연대협약(PACS: Pacte Civile de Solidarité)이라고 불리는 공동생활 계약은 프랑스 정부가 1999년 11월에 제정한 것이다. 두 사람의 이성 또는 동성의 성년 사이에 체결되는 본 계약을 통해 동거 커플은 결혼 가정에 준하는 법적 권리와 지위를 누릴 수 있다.

도록 하는 것을 목표로 삼는다(Lemieux, 1995).

　프랑스 정부는 노인들의 여가 및 문화활동을 돕기 위해 버스, 항공여행 등의 할인 및 무료 이용의 혜택을 제공하며 문화시설 이용과 공연 프로그램에 대하여도 할인 및 무료 혜택을 보장한다. 프랑스는 지역마다 전문직 은퇴자로 구성된 은퇴자협회연합이 조직되어 있어서 지역 협회별로 퇴직 전 준비교육과 자원봉사 등 다양한 교육 프로그램을 자율적으로 전개하고 있다. 이외에도 대학 평생교육원 프로그램의 운영을 통해 학위 과정 및 특성화 교육, 노년교육을 실시하고 있다. 프랑스 노년교육의 특징은 전통적인 평생교육의 이념에 바탕을 두고 정부와 기업, 대학, 시민단체 등의 민·관이 협력한다는 점이다.

　2) 영국

　영국은 1929년에 고령화 사회에 진입하였고, 1975년 고령사회 진입을 거쳐 2027년에는 초고령사회에 진입할 것으로 예상된다. 성인교육의 전통이 강한 영국에서는 노인[8]을 위한 교육이 성인교육의 일환으로 시행되어 오다가 1981년 이후 영국 최초의 U3A가 켐브리지에 설립되면서 영국 전역에서 "자조교육 운동"(Self-Help Education Movement)이 전개되었다. 영국의 U3A는 프랑스와 달리 학습자들의 자율성에 바탕을

8　영국에서 노인은 연대기적 연령과 상관없는 개념으로서, 젊은이들에 비하여 상대적으로 연장자인 "older people"의 표현을 사용할 뿐이다. 미국 사회와 달리 연장자로서 존중하는 표현인 "senior citizen"이라는 호칭도 사용하지 않으며 사회 전체의 인구층을 기준으로 상대적으로 연령이 많은 노년기를 가리키는 용어로서 "나이든 사람들"(older people)을 사용하는 것뿐이다(전수경, 2006, 119).

두고 있다. 입학에 필요한 특별한 자격요건은 없고, 교육 과정도 학문적 주제에만 치중하지 않고 여가활동, 운동, 오락, 여행 등을 두루 포함하며, 주택이나 시설 거주 노인을 직접 방문하여 진행하는 프로그램도 운영하고 있다. 영국 최대의 자선단체인 "Age UK"는 재정문제, 가정생활, 건강과 웰빙, 여행과 생활양식, 일과 학습 등의 분야에서 도움을 제공하며, 1971년에 처음으로 문을 연 개방대학(Open University)도 재택학습을 통해 노인들의 교육 욕구를 충족시키고 있다.

영국은 우리나라처럼 교육부, 보건복지부, 노동부 등, 각 부서에서 독자적으로 정책을 수행하기 보다는 노인층의 복지를 위해 각종 노력이 연계되어 전달되며, 특히 지역정부가 교육과 복지, 노동를 통합하여 지역사회의 노인층의 요구와 필요에 따라 협력 서비스를 제공한다. 따라서 영국에서 노인들에게 가장 인기있는 교육프로그램은 지역 내에 위치한 성인교육센터 프로그램이다.

지역 성인교육센터 프로그램이 각광을 받는 이유는 다음과 같다.

첫째, 노인들은 장거리를 이동하기 보다 지역사회 내에 위치한 가까운 센터를 선호한다.

둘째, 대부분의 지역 성인교육센터의 프로그램은 낮 시간 동안에 운영되므로 노인들에게 적합하다.

셋째, 자유인문교양 과목과 취미를 개발할 수 있는 프로그램의 균형을 통해 다양한 노인들의 교육적 수요를 충족시켜 준다.

3) 독일

독일은 1932년에 고령화 사회에, 1972년에는 고령사회에 이르렀고, 2009년에 이미 초고령사회에 진입하였다. 1970년대 이후 사망률이 출생률을 앞지르기 시작하며 1986년 독일 정부는 출산율을 높이기 위하여 출산비와 양육비를 대폭 지원하기 시작하였다. 노년기의 팽창에 따라 자율적이고 긍정적이며 건강한 새로운 노년층이 증가되며 노년교육이 사회적 관심사로 떠오르고 있다. 독일의 노년교육은 1950년대말부터 성인교육의 틀 안에서 주목되기 시작하였고, 이는 일상생활에서 일어나는 문제들을 해결하기 위한 실용적인 교육으로 발전하였으며, 최근 들어서는 노인들의 잠재력을 개발하고 차세대에게 문화적인 지식을 전승하는 한편, 민주시민으로서 정책을 결정하는 데에 적극적으로 참여하도록 유도하는 방향으로 전개되고 있다.

독일의 노년교육은 크게 세 가지 측면, 즉 의사소통적 요소를 지니는 일반적인 교양교육, 개인적 차원에서 역량과 잠재력을 유용하게 발전시키는 교육, 그리고 사회적 측면에서 노인의 생산성을 향상시켜서 자원화하는 인적 자원 개발을 위한 노년교육으로 수행되고 있다(한정란, 2015, 101). 독일의 노인교육은 노인대학과 시민대학을 통해 주로 전개된다. 노인대학은 대학에서 운영하는 프로그램으로서 노인이 학문적인 학습 과정에 참여하여 노년을 바람직한 차원에서 보내도록 하는 방향성을 찾도록 하며, 세대 간의 상호작용을 통해 세대통합을 이루려는 목적을 가지고 있다(박성희, 2006, 175). 노인대학은 청강, 연장자 과정, 은퇴 후 자원봉사와 재취업을 위한 강좌, 인문교양 과목 등을 운영한다. 독일의 시민대학은 독일의 모든 시민들에게 평생교육을 보장하기 위하여 1970년에 국가 주도로 설립되었다. 14세 이상의 독일내 거주자는 누구나 수강할 수 있으며 노인 대상의 교육도 포함된다.

4) 미국

미국은 다른 선진국들에 비하여 고령화 속도가 늦은 편인데, 1942년에 고령화 사회에 진입한 이후, 2014년이 되어서야 고령사회에 진입하였고, 2031년에 초고령사회에 진입할 것으로 예상된다. 이러한 고령화 지체현상은 "어메리칸 드림"(American Dream)을 가지고 미국땅을 찾는 젊은 노동력의 유입과 이민 때문이다. 따라서 미국은 교육과 복지를 결합한 교육복지 체제로 이행할 충분한 준비를 갖출 시간적 여유를 갖게 되었다. 하지만 7천 6백만 명에 이르는 1946~1964년 사이에 출생한 "베이비 부머"(Baby Boomers) 세대가 노년층에 진입함에 따라 대책 마련이 시급해지고 있는 실정이다. 또한 미국 사회에 만연한 빈부격차와 비만의 문제로 인해 미국인의 평균수명은 다른 선진국에 비하여 매우 낮은 편이다(UN, 2015b).[9]

미국 노년교육의 특징은 민간 주도의 교육이 활성화되어 있다는 점이다. 미국의 노년교육은 1874년 뉴욕 근교의 샤토쿠아(Chautauqua)에서 일어난 종교교육, 교양교육, 예술이 복합된 샤토쿠아 운동이 효시이다.

---

[9] 2015년에서 2020년 사이에 출생한 미국인의 평균기대수명은 79.6세로서 일본의 84.1세, 우리나라와 프랑스의 82.8세, 독일의 81.5세, 영국의 81.2세에 비하여 뚜렷하게 낮다 (UN, 2015b, 46-48).

이후 노인교육은 씨니어센터(Senior Center)와 같은 사회복지 서비스의 일환으로 전개되었고, 1920년 공무원퇴직법 제정 및 1965년에 제정된 노인복지법과 고등교육법에 의해 기반이 확충되었다. 노인을 위하여 특별히 고안된 프로그램은 1952년 시카고대학교(University of Chicago)에서 처음으로 통신교육과 퇴직준비교육 프로그램을 실시하면서 시작되었고, 1961년 첫 회의를 시작으로 10년에 한 번씩 열리는 백악관 노화회의(White House Conferences on Aging)를 통해 각종 지원을 받고 있다.

주요 프로그램으로는 여행과 발견, 학습을 결합한 엘더호스텔(Elderhostel), 또래학습 공동체로 운영되는 은퇴자 학습센터(Lifelong Learning Institutes), 우리나라의 복지관과 비슷하게 지역사회 노인들에게 건강, 의료서비시를 제공하는 씨니어센터, 55세 이상 성인의 삶의 질을 제공하기 위해 교육, 건강, 문화, 자원봉사 파견 등의 프로그램을 운영하는 오아시스(OASIS: Older Adult Servcice and Information Systems) 등이 있다.

5) 일본

일본은 세계 최고령국으로서 1970년대에 들어서 인구의 고령화 문제가 중요한 사화문제로 부각되기 시작하였다. 다른 선진국들보다 늦은 1970년에 고령화 사회에 진입하였으나, 1994년에 아시아 국가 중 최초로 고령사회에 진입하였고, 2005년에 초고령사회에 진입함으로써 상대적으로 고령화의 속도가 빠른 편이다. 평균수명 역시 세계 최고 수준에 이른 일본 정부는 단지 오래 사는 것을 추구하는 것이 아니라 건강하게 오래 사는 장수사회 실현을 고령화 대책의 주요 정책과제로 내세우고 있다. 이와 관련하여 일본의 노년교육은 노인을 약자나 부양대상으로만 생각하던 편견과 부정적 이미지를 바꾸기 위하여 국가의 정책적 지원하에 체계적으로 추진한다는 특징을 보인다.

일본은 1986년에 "장수사회대책대강"을 발표하며 노인을 위한 고용과 소득의 보장, 건강과 복지, 학습과 사회참여, 주택과 생활환경 등의 중심으로 노인정책을 펼치고 있다. 또한 1995년에는 "고령사회대책기본법"을 제정하여 내각의 총리대신을 회장, 각료들을 회원으로 하는 "고령사회대책회의"를 구성하고 1996년부터 5년마다 "고령사회대책대강령"을 발표해 오고 있다. 일본의 노년교육은 문부성과 후생성 등 교육과 노인복지 기관이 중심이 되어 이루어지는데, 공민관을 비롯하여 도서관, 박물관 등의 사회교육시설 및 교육위원회에서는 청소년에서 노인에 이르는 다양한 연령층의 시민을 대상으로 학습기회를 제공하고 있다.

노인클럽은 노인복지법에 의거하여 노인들의 노후생활을 풍요롭게 할 목적으로 설립되어 노인들에 의해 자주적으로 운영되는 단체로서 60세 이상의 동일 지역에 거주하는 50명 이상의 회원들로 운영된다. 문부성이 1989년부터 운영하고 있는 장수학원은 지역사회의 평생학습 추진센터, 대학과 전문학교, 민간 교육사업자 등과 연계하여 노인층을 대상으로 다양한 학습기회를 제공한다. 일본 엘더호스텔은 미국 엘더호스텔의 협력기구로서 지난 1986년 3월 3일, 아시아 최초로 창립되어 운영되고 있다. 이외에도 실버인재센터, 노인 방송대학 라디오 강좌, 세대 간 교류 프로그램 등 다양한 프로그램들이 운영되고 있다.

2장

노년의 개념 및 노화 이론

"노인"(老人)이라는 용어는 나이 든 사람에 대한 가장 일반적인 호칭으로 사용되고 있다. 노인이라는 한자어는 그 자체로서 나이 든 사람이라는 의미이며, 우리말로도 "늙은 이(사람)"라는 뜻이다. 그러나 낡고 해어졌다는 부정적인 의미를 전달할 수 있기 때문에 "노년"(老年)이라는 표현을 사용하기도 하지만 노년이란 주로 인간발달의 단계상 시간을 지칭하는 개념이므로 협소한 의미를 지닌다.

우리말 "어르신"은 인생의 경륜을 존중하는 "어른"에서 파생된 용어로서 중립적인 용어를 사용해야 하는 학문적 용어로는 적당하지 않으며, 영어단어 "씨니어 씨티즌"(senior citizen)의 약자인 "씨니어" 또는 "연장자"(elderly) 역시 노인을 긍정하는 표현으로서 중립적인 용어가 아니다. 따라서 본서에서는 일반적인 용어인 노인을 사용하되, 부모를 공경하라는 십계명의 제5계명을 확장하여 모든 노인들을 부모로서 존중하는 의미를 내포하여 통칭하기로 한다.

1. 노인의 정의와 분류

1) 노인의 정의

우리 사회는 고령사회에 들어선 시점에서조차 몇 세부터 노인(노년)인지에 대하여 명확한 기준을 가지고 있지 못하다. 노년, 즉 노인의 시기를 어떻게 규정해야 하고, 왜 그렇게 규정해야 하는지 뚜렷한 근거가 없기 때문이다. 노년에 대한 기준을 세우기 어려운 이유는 개인의 고유한 생리적, 신체적 변화와 기능 정도가 다르며, 사회적 역할 수행 및 정서적, 심리적인 측면에서도 다양한 차이를 보이기 때문이다. 무엇보다도 스스로 느끼는 노령화, 즉 자각연령은 매우 주관적이어서 어떤 사람은 신체적으로 드러나는 겉모습이 노인임에도 불구하고 장년으로 느끼기도 하고, 다른 어떤 사람은 외견상 중장년에 속하는 외모를 가지고 있음에도 불구하고 자신을 노인이라고 생각하기도 한다.

미국에서는 1935년 국가사회보장법(The National Security Act)을 제정하며 65세를 은퇴하는 나이로 규정하여 65세부터 사회보장연금을 수령하도록 하였다. 따라서 미국에서도 65세가 노년을 규정하는 연령으로 인식되기 시작하였다. 유엔경제사회이사회(UN ECOSOC: United Nation Economic and Social Council)가 1950년 12월 총회에서 65세를 세계 각국의 고령화 지표 기준으로 정하며 대부분의 세계 각국은 65세를 노령이 시작하는 시기로 받아들이고 있다.

우리나라에서는 전통적으로 만 60세를 회갑이라 하여 노인의 시기에 들어서는 연령으로 받아들였으나 최근 고령화의 추세를 따라 점차 60세는 장년에 속하는 것으로 인식이 변화하고 있다. 한편 고령자 고용촉진법은 고령자를 만 55세 이상인 자로 규정하며, 기초생활보장법은 60세를 기준으로 노인을 규정하고 지원하고, 국민연금법 역시 연금의 수령연령이 60세이다. 그러나 노인복지법은 복지 서비스를 받는 노인의 연령을 65세로 규정하고 있으며, 기초노령연금법과 노인장기요양보험법 역시 노인은 65세 이상인 자로 규정하고 있다.

2) 노인의 연령

노인의 연령을 구분하는 다양한 기준들이 있는데, 일례로 역연령(chronological age)은 출생 후 보낸 달력상의 시간에 의한 연령으로서 이는 일반적으로 은퇴 및 각종 연금 혜택을 부여하는 기준이 되는 연령으로 이용된다. 생물학적 연령(biological age)은 개인의 건강상태나 신체적 능력 등 생명유지에 필요한 신체기관의 수명과 연관되는 연령이고, 심리적 연령(psychological age)은 변화하는 환경적 요구에 대처하기 위해 개인이 활용할 수 있는 기억, 지능, 감정, 동기, 자존감 등을 발휘할 수 있는 수준과 관련된 연령이며, 기능적 연령(functional age)은 보다 포괄적인 차원에서 개인의 신체적, 심리적 기능의 정도에 따라 규정하는 연령이다. 사회적 연령(social age)은 문화적 규준과 비교한 개인의 현재 상태를 나타내는 것으로서 특정한 연령의 개인에게 기대하는 사회적 행동양식을 반영한 연령을 의미하며, 인생주기 연령(life stage age / life-cycle age)은 유아기, 아동기, 청소년기, 청년기, 장년기, 노년기 등 인생의 주기를 바탕으로 구분한 연령을 의미한다.

3) 노인의 분류

노년에 대한 이해에 따라 노인의 시기는 과거에는 65~74세의 "젊은 노인"(The young old), 75~84세에 해당하는 "고령 노인"(The old-old), 그리고 85세 이상의 "최고령 노인"(The oldest old)으로 구분하였다(Riley & Riley, 1986). 그러나 평균수명이 늘어난 최근에 들어서는 55~64세는 "거의 고령인"(The nearly old), 65~74세는 "젊은 노인"(The young old), 75~84세는 "중고령 노인"(The middle old), 85~94세 "더 고령 노인"(The older-old), 95~104세는 "최고령 노인"(The oldest old), 그리고 105세 이상의 "하이퍼 고령 노인"(The hyper-old)으로 구분한다(Atchley, 2009). 하지만 인생의 연수만큼 다양한 경험과 차이를 나타내는 노인을 단순히 연령에 따라 일반화하여 구분하는 것은 의미없는 일이다.

2. 노년의 신체적 변화

노화란 무엇인가?

노화는 단일한 과정이 아니며 생물학적, 사회적, 심리적 과정에서 일어나는 1차적 노화, 질병에 기인한 2차적 노화, 그리고 사망 직전에 발생하는 빠른 상실을 의미하는 3차적 노화 등으로 구성된다(장휘숙, 2007, 329). 요약하면 노화란 전생애에 걸쳐 발생하는 현상으로서 개인에 따라 각기 다른 속도와 방법으로 일어나며, 모든 생명은 하나님으로부터 온 것이므로 노화 역시 하나님께서 창조하신 사역의 일부이다(Gentzler, 2008, 23, 55).

일반적으로 사람의 육체적 발달의 전성기는 19~26세로서 이후로는 노화가 시작되어 기초대사량이 저하되기 시작한다. 노년기에는 척추의 완충작용 손상으로 인하여 신장(키)이 감소하고 골밀도 감소로 인한 골다공증 및 관절염이 증가한다. 따라서 뼈와 관절의 손상으로 인해 균형감각을 유지하는 데에 어려움을 겪게 되고 걸음의 속도 또한 저하된다. 단백질 세포의 쇠약으로 인해 피부의 탄력이 저하되고 건조해지므로 반점과 주름살이 증가한다.

또한, 작은 자극에 상처를 쉽게 받는 반면, 손상시 회복은 늦어진다. 근육도 탄력이 저하되고 근력이 상실되며, 머리숱이 감소하고, 기초대사의 저하로 인해 체열이 떨어진다. 소화체계 및 심장도 노화로 인해 변화를 경험하는데 예를 들면 장기의 노화로 인해 소화능력이 저하된다. 심장 혈관 조직의 기능이 저하되어 동맥경화증을 유발하기 쉬우나 운동부족 및 노화로 인하여 약물사용이 부담스러워진다. 신경체계도 노화로 인해 신경의 반응시간이 증가하고, 운동능력과 인지능력이 저하된다.

수면형태 역시 변화하는데 25세 청년의 평균 수면시간이 7시간 가량인데 비하여 기초대사량이 적은 60세는 평균 6시간, 75세가 되면 평균 5시간으로 줄어드는 한편, 깊이 잠들기가 어려워 숙면의 감소로 인한 수면의 질 저하도 노년의 불리한 조건이다. 오감의 감각 역시 변화를 겪는데 시각에 있어서는 수정체의 조절 능력 저하로 인하여 초점을 맞추기가 곤란해지고, 수정체의 투명성 상실로 인해 백내장의 위험이 높아지며, 안구액 분비의 부족으로 녹내장의 가능성도 증대된다. 청력의 저하는 20대에 이미 시작하는데, 중이에서 고막과 이소골의 기능이 점진적으로 퇴화함에 따라 초기에는 고음 영역의 청력이 감소하다가 점차 중간음과 저음까지 잘 들리지 않게 된다. 노화에 따라 미각돌기의 상실 및 점막이 탄력을 잃어 미각이 저하되는 한편, 침의 생산이 줄어 소화의 문제가 발생하게 된다.

3. 노년의 정서적 변화와 우울증

노인의 우울증은 생물학적 요인과 사회적 요인에 의해 발생한다. 성별에 따라 구분하면 남성보다 여성 노인들에게서 우울 증상의 빈도가 더 높게 나타나는데, 여성들의 경우 신체질환, 자기 역할의 불만, 결혼관계 유지 등과 관련된 우울 장애를 많이 경험하고, 남성들은 생명을 위협하는 신체적 중병이 가장 큰 요인으로 작용한다(이호선, 2012, 250). 신체적 질병과 기능 상실은 물론 가족과 배우자의 사별로 인한 충격, 은퇴로 인한 경제사정의 악화, 뇌혈관 질환 등으로 인해 노인의 우울증이 촉발된다. 그러나 우울증 자체는 노화의 과정이 아니라 일종의 정서장애로서 다양한 요인에 의해 나타나는 증상이므로 객관적 조명과 이해를 통해 대비하고 극복해야 한다.

1) 노년의 상실감과 우울증

노년에는 노화로 인한 젊음과 신체적 매력의 상실 및 질병으로 인한 기능의 저하 등의 신체적 상실로 인하여 상실감을 경험하게 된다. 여성은 폐경 이후 체중의 증가 및 허리가 굵어지고, 둔부의 크기가 커지는 등 외모의 변화와 더불어 신체의 노화로 인한 관절염, 골다공증, 요실금 발생빈도 증가로 어려움을 겪는다. 또한 폐경의 상실감과 불편상황 종료의 안도감이 양가감정으로 드러나며, 폐경으로 인하여 에스트로겐 감소가 윤활작용의 감소로 이어져 성 생활의 장애를 유발한다. 노년에 이른 여성은 전반적으로 성욕이 감소하나 이에는 개인차가 존재하며, 상실감, 고독감 자체보다 새로운 관계에서 겪는 어려움을 호소하는 경우가 많다. 남성들은 주로 은퇴에 기인한 역할상실에서 충격을 경험하며, 테스토스테론 생산 저하로 성적 능력이 저하되고, 노화에 따라 고혈압, 동맥경화, 전립선 비대 등으로 우울증이 발생하기도 한다.

노년의 시기에는 질병과 노화로 인한 의존성이 증가하며 독립성을 상실하며, 또한 신체적 상실로 인한 접촉과 대화의 상실, 은퇴 이후 일의 상실 및 소속감과 가치감 등 일과 관련한 정체성 상실, 수입이 주던 힘과 존경 등 경제적 안정의 상실이라는 사회적 상실을 경험하게 된다. 생산적인 일과 독립심의 상실은 하나님의 형상으로 창조된 자신의 가치에 대한 상실을 동반하는 영적 상실로 이어지기 쉬우므로 노인 신자에 대한 목회적 돌봄은 매우 중요한 사역이다. 또한 배우자의 상실은 노인에게 있어 가장 큰 상실인데, 배우자의 사망 이후 노인은 배우자의 죽음에 대하여 수행하지 못한 책임감으로 인한 죄의식을 경험하므로 사별에 대하여 고인에 대한 생각과 느낌을 정리할 기회를 부여하는 것이 필요하다.

아치볼드 하트(Archibald Hart, 1987)는 우울증의 근원적인 원인으로서 신체적 능력의 저하를 지적했는데, 노년의 80% 이상이 만성적이며, 재발하는 질병을 보유하기 때문이라고 덧붙였다. 그는 또한 재정문제와 돈을 벌 수 있는 경제능력의 상실, 은퇴 등으로 인한 역할 변화, 노년에 대한 사회적 차별, 지적, 신체적 적응력의 상실, 죽음으로 인한 가족과 친구의 상실, 고립감 등을 지적하며 노인 우울증의 종합적인 원인을 복합적인 상실과 역할의 변화로 지적하였다. 미국의 경우, 가장 자살의 위험이 높은 고위험군은 은퇴하고 부인과 사별하였거나, 이혼으로 인해 혼자 살면서 신체적 질환이나 음주 관련 병력이 있는 55~70세 사이의 백인 남성이다. 노년기에 있어서 배우자와의 관계는 자신의 통합감이나 자기평가에 있어서 지대한 영향을 미치는데(Townsend and Franks, 1997), 특히 남성 노인들에게 아내는 자신의 지지망이자 의논대상자, 가족 내에서 역할을 나누는 대상이므로 아내와의 관계는 절대적이다(이호선, 2012, 48).

2) 노년기 우울증의 진단

우울증의 신체적 증상으로는 식욕의 상실로 인한 체중의 감소, 음식을 준비하지 않거나 한 종류의 음식만을 섭취하는 것, 잠 드는 것이 어렵거나, 아침에 일찍 깨는 것이 어려움, 종종 흥분을 잘하고, 안절부절하는 빈도가 증가하는 것 등이 있다. 노년기 우울증의 특징은 죄책감이나 슬픔과 같은 정서적인 부분을 드러내지 않는다는 것이다. 또한 우울증은 먼저 신체증상의 호소 형태로 나타나며, 불안, 두려움, 공포 등의 감정 형태로 발전하는 모습을 보이고, 슬픔의 감정이 훨씬 강하게 나타나는데 비하여 노인성 치매(dementia)[1]는 혼란과 시간 감각의 상실이 더

---

1 치매(dementia)는 라틴어 "디멘스"(demens)에서 유래된 표현으로서 그 의미는 "마음에서 벗어난"이라는 뜻이다. 치매는 고혈압, 당뇨, 심장질환 등과 같은 성인병이 원인인데, 알츠하이머 병(Alzheimer's Disease)이 치매 환자의 60%를 차지하며, 혈관성 치매가 2~30%, 나머지는 기타 알콜성, 파킨슨 병(Parkinson's Disease) 등의 순이다. 알츠하이머 병은 퇴행성 뇌질환의 일종으로서 기억력과 정서적인 면에서 심각한 상실과 장애를 유발한다. 대부분의 경우, 노화의 과정에서 뇌조직이 기능을 상실하며 발생하지만 밝혀지지 않은 원인에 의하여 발병하는 경우도 다수이다. 고령화로 인하여 뇌로 피를 보내는 혈관이 퇴화되는 등, 뇌질환으로 인한 정신력의 상실이 혈관성 치매이며, 대부분의 경우에 기관상의 장애는 기억의 퇴화와 함께, 혼란, 비협동성, 비사교성의 증상을 수반한다. 보건복지부(www.

두드러진다. 우울증이 있는 노인들은 기억력 상실에 대하여 더 많이 불평하지만, 실제 검사에서 기억력은 정상에 가깝다. 그러나 치매의 경우, 기억력 검사의 수행이 현격히 떨어지며, 최근에 기억력 관련 문제를 겪은 경우가 대부분이다. 또한 우울증이 있는 노인들은 협동적이고, 도움을 바라지만, 치매를 겪는 이들은 비협동적, 비사교적이며, 도움을 거부하는 경향이 높다. 우울증에서는 퇴화가 진행되지 않는 편이나, 치매의 경우, 퇴화가 점진적으로 진행된다.

우울증이 유사 치매증을 보이는 경우는 영양실조 때문인 경우도 있다. 예를 들면, 서양 노인들이 매 식사 때마다 간단히 차와 토스트 한 조각만을 섭취하는 "차와 토스트 신드롬"(Tea and Toast Syndrome)의 경우, 단백질 부족으로 근육이 무력화되고, 뇌 기능이 현저하게 떨어진다. 우리나라 노인들의 경우에도 자녀의 분가 및 배우자의 사별 등으로 독거노인이 되어 밥과 국, 김치로 끼니를 때우는 경우 동일한 현상이 나타날 수 있다. 가뜩이나 노화로 인해 맛을 느끼는 감각세포가 몰려있는 미뢰의 수가 감소하고, 치아의 소실과 장기의 노화 등으로 소화장애를 겪는 것이 그러한 증상을 더욱 조장한다. 또한 너무 간단하게 탄수화물 위주로 식사를 하면 단백질과 아미노산 등의 부족으로 인하여 심각한 영양

---

mohw.go.kr) 자료에 의하면 2012년 현재 65세 이상 치매유병율 9.18%이며, 생명보험협회(www.klia.or.kr)는 2016년 65세 이상 노인의 치매유병율은 9.99%인데 2020년에는 10.39%, 2050년에는 15.06%로 해마다 증가할 것으로 예상하였다. 치매 노인 1인당 연간 치료비용(의료진료비와 요양비)은 1,387만원으로 가족의 간병비 등의 간접비를 포함하면 2,030만원에 달한다. 5년간 치매환자를 치료하는데 소요되는 비용은 1억 원이 넘는 것이다. 생명보험협회는 2016년 현재 240만 명 가량이 치매환자에 대한 직접적 부양부담을 지고 있으며, 이 가운데 78%는 간병을 위해 사직하거나 근로시간을 축소하였다고 발표함으로써 노인의 치매관련한 사회적 손실이 지대함을 지적하였다. 본 협회는 구체적으로 치매로 인한 사회적 비용은 2013년 현재 GDP의 1%에 해당하는 11조 7천 억원이며, 이는 2050년에는 GDP의 1.5%에 이르는 43조 2천 억원이 될 것으로 추정하였다.

불균형을 야기하여 급속한 노화와 신체 기능장애를 초래할 수 있다.

3) 우울증 해소를 위한 방안

우울증 해소를 위한 기본적인 점검에는 신체 건강의 검진, 지난 1년간 경험한 상실의 문제 및 가족 구성원과의 관계 점검, 그리고 전문가와의 상담을 통한 지지 획득의 방안 마련 등이 포함된다. 부수적인 방법으로서 전기충격요법(ECT: Electroconvulsive Therapy)을 사용할 수도 있는데, 이는 뇌를 반복적으로 전자기파로 자극하여, 감정과 기분 조절을 담당하는 부분과 사고를 담당하는 부분의 과도한 소통을 낮추는 것이다. 약물치료에 비해 상대적으로 해가 없으며, 소량의 마취제를 사용하는데 경진정제(Tranquilizers)를 사용하여 불안과 건강 염려증을 경감시키거나 안정제(Sedatives)를 사용하여 불면증을 해소한다.

그러나 우울증에는 무엇보다도 심리적이고 영적인 지지가 가장 필요한데, 노인의 경우 신체 능력의 감소로 인한 종교활동의 저하를 신앙심이 약해진 것으로 오해할 때에 우울증을 가중시킬 수 있다. 그러나 야간 운전의 곤란이나 체력의 약화로 인한 종교행위 참석의 어려움을 이성적으로 납득하는 것은 물론, 때로는 신앙심이 약해진 것이 아니라 정신력이 약해졌다는 사실을 구별할 수 있어야 한다. 그러므로 왜곡된 사고의 수정이 필요한데, 과거, 현재, 미래에 대한 부정적 사고와 도식, 부정적 사건들에만 주의를 기울이는 선택적 여과, 과잉일반화, 파국화 등의 인지적 오류, 수동적 포기 등을 지양할 수 있도록 가정과 교회가 협력하여 상담 심리적인 역량을 확충하고 영적인 돌봄을 제공할 수 있어야 한다.

4. 노화의 이론들

인간의 노화를 설명하는 이론들에는 생물학적 이론, 심리학적 이론, 사회학적 이론 등이 있다. 학자들은 이를 세분하여 생물학적 이론으로는 활성산소론, 세포복제 감소론, 신체적 변이이론을, 사회학적 이론에는 제3기 인생론을, 그리고 심리학적 이론으로서 융의 심리분석 이론, 영성이론을 소개하였다(서혜경 외, 2013).[2]

학자들별로 노화 이론의 분류는 상이하지만 노화는 결국 생물학적 관점에서 조명하는 것이 기본이며, 생물학적 노화를 설명하는 이론의 주된 내용은 대동소이하다. 대표적인 생물학적 이론으로는 마모 이론, 면역 이론, 교차연결 이론, 생체시계 이론 등이 있다(Hooyman and Kiyak, 2008; Moody, 2006). 이호선(2012)은 이를 분자수준, 세포수준, 기관계수준의 이론으로 분류하여 유전자 이론, 유전변이 이론, 프로그램 이론은 분자수준의 이론으로 포함하고, 산화기 이론, 교차연결 이론, 마모 이론은 세포수준의 이론, 그리고 신경내분비 조절 이론, 면역 이론은 기관계 수준의 이론으로 포괄하여 소개하였다.

---

2 한편 권중돈(2016)은 인간의 노화를 생물학적, 심리학적, 사회학적 이론으로 세분화하였지만 그 구성요소는 다르게 분류하였다. 일례로 생물학적 노화 이론으로서 세포 이론, 유전 이론, 생리학적 이론, 면역 이론으로 제시하였고, 심리학적 이론을 학자별로 더욱 세분하여 Havinghurst, Peck, Clark과 Anderson, Erikson, Thome, Salthose, McClearn, Miller, Atchley, Tornstam의 이론들로 소개하였다. 그는 사회학적 노화의 이론 역시 활동 이론, 분리 이론, 지속 이론, 역할 이론, 스트레스 이론, 생활 과정 이론, 현대화 이론, 구조지체 이론, 낙인 이론, 사회와해 이론, 하위문화 이론, 연령계층화 이론, 세계체제 이론, 정치경제 이론, 교환 이론 등으로 세분하였다.

1) 마모 이론(The wear-and-tear theory)

이는 기계적 인간관에 입각한 이론으로서, 인간의 몸은 기계와 비슷하여 오랜 세월 동안 사용하면 마모되고 닳는다는 이론이다(Comfort, 1964; Wilson, 1974). 세포의 마모 현상은 개인의 내외부적 스트레스에 의해 가중된다고 지적하며, 따라서 노화를 방지하기 위해서는 신체를 잘 보존하는 것이 요구된다. 그러나 이 이론은 인간이 가진 유기체의 특성을 고려하지 않고 있다는 점에서 비판을 받는데, 유기체는 기계와 달라서 손상을 복구할 수 있는 능력을 보유하기 때문이다. 예를 들어 노화의 큰 흐름을 막을 수는 없겠지만 건강한 생활습관과 규칙적인 운동은 신체의 전반적인 기능을 오랫동안 유지, 향상시킬 수 있다. 따라서 마모이론은 더 이상 노화를 설명하는 효과적인 이론이 되지 못하게 되었다.

2) 면역 이론(The auto-immune theory)

면역 이론은 노화란 면역계의 기능저하로 인한 것이라고 인식한다(Adler, 1974). 면역 이론은 면역반응 이론과 자동면역 이론으로 구분되는데 면역반응 이론에 의하면 항체의 이물질에 대한 식별능력이 저하되어 노화가 진행되는 것이고, 자동면역 이론은 체내의 면역체계가 항체를 생성할 때에 정상세포까지 파괴하는 자동면역 항체를 만들어냄에 따라 정상세포가 파괴되어 노화가 진행된다고 본다. 따라서 면역 기능을 적절히 유지한다면 노화는 지연될 수 있다고 믿는다. 적절한 식이요법, 체온조절, 수술과 투약의 병행 등으로 노화에 따른 기능 손상을 방지하고 교정함으로써 노화를 늦출 수 있다고 보는 것이다.

3) 교차연결 이론(The cross-linkage theory)

교차연결 이론은 콜라겐(collagen)이라고 불리는 단백질의 변화에 초점을 맞추어 노화를 설명한다. 화학적 반응에 의해 정상적으로 분리되어야 하는 분자 사이에 연결 구조가 형성되는 것이 문제인데, 세포의 내외부에서 두 개의 큰 분자들이 서로에게 부착되어 움직이지 못하게 함에 따라 화학적 반응을 일으키고 조직은 탄력성을 상실하게 되어 노화가 진행된다고 주장한다(Gross, 1961; Gafni, 2001). 즉 세포의 구조에서 노화된 콜라겐의 교차연결이 증가함으로 인해 주름살이 생기고, 혈관 및 근육과 피부의 신축성이 저하되는 등, 노화가 일어난다는 것이다. 교차연결이론에 의하면 콜라겐의 변화에 따라 교차연결의 축적이 일어남에 따라 코와 귀의 크기가 커지며, 일반적인 세포의 기능을 저하시킴으로써 노화는 가속된다(Hooyman and Kiyak, 2008, 72).

4) 생체시계 이론(The aging-clock theory)

생체시계 이론은 유전적계획 이론 또는 프로그램 이론으로도 불리는 것으로 노화 과정이 이미 인간의 몸속에 프로그램화되어 있으며, 따라서 노화와 관련된 변화는 예측이 가능하다고 주장한다.[3] 레오나드 헤이

---

[3] 이는 넓은 의미에서 세포 이론(The cellular theory)에 속하는 것으로서 세포 이론에 의하면 세포는 생물학적 프로그램에 따라 일정한 횟수의 복제가 이루어진 다음 복제가 정지되며,

플릭(Leonard Hayflick, 1976)은 신체의 세포 속에 노화시계가 내장되어 있어서 세포의 수명은 유전적으로 한정되어 있다고 주장했는데, 그의 이름을 따서 "헤이플릭 한계"(Hayflick limit)라고 불리는 이 현상은 배양기 속에서 세포가 생존할 수 있는 최대한계를 의미한다. 과학자들은 이 이론을 설명하기 위한 연구끝에 인간은 수정 단계에서부터 생체시계가 작동되기 시작하는데, 염색체 끝 부분에 있는 유전자 조각인 텔로미어(telomere)가 세포분열에 따라 점점 더 짧아지고 70~80회의 세포분열 뒤에는 극적으로 짧아져서 더 이상의 세포분열이 불가능해져서 결국 사망에 이르게 된다고 결론을 내렸다(Shay and Wright, 2000).

다른 연구자들은 내분비체계와 면역체계에서 유전적으로 계획된 변화에 의해 노화가 촉발되고, 그 결과로 사망한다고 주장했다(Cristofalo, 1996; Medina, 1996). 일례로 사춘기와 폐경기 동안 호르몬 변화를 일으키는 뇌의 시상하부는 인생의 후기에 이르면 호르몬과 뇌의 화학물질을 변화시켜서 신체 기능을 적절히 유지하지 못하게 함으로써 사망을 일으킨다는 것이다. 따라서 생체시계 이론의 모든 연구들은 노화와 죽음을 인간의 생물학적 특성에 기인한 불가피한 결과로 여긴다.

세포는 일정량의 DNA를 가지고 있는데, 복제가 거듭될수록 DNA가 줄어들고, 이에 따라 RNA도 생산이 줄어 결국 세포의 소멸을 가져와 노화가 촉진된다(Hayflick and Moorehead, 1961). 학자에 따라서는 생체시계 이론과 세포 이론을 분리하여 두 개의 전혀 다른 노화 이론으로 취급하는 경우도 있다(Cavanaugh and Blanchard-Fields, 2014, 59-60).

3장

노년기의 발달과 성

공자는 논어(論語)의 위정(爲政) 제이(第二)편에서 "子曰, 吾十有五而志于學하고, 三十而立하고, 四十而不惑하고, 五十而知天命하고, 六十而耳順하고, 七十而從心所欲하되 不踰矩라"고 말했다. 이는 "공자가 말하기를, 나는 열다섯 살에 학문에 뜻을 두었고, 서른 살에 자립하고, 사십에 사물의 이치에 대해서 미혹되지 않았고, 오십에 하늘의 뜻을 알았고, 육십에 귀가 순해졌고(귀로 들으면 그대로 이해되었고), 칠십에 마음이 하고자 하는 바를 좇아도 법도를 넘지 않았다"는 뜻이다. 나이가 들수록 세상의 소리가 뜻하는 바를 알게 되고, 세상의 법도에 굳이 맞추려 하지 않고 자신의 뜻대로 살아도 삶 자체가 세상의 법과 상충되는 것이 없을 정도로 삶과 지혜가 통합된 모습을 보인다는 의미이다.

유대인들의 탈무드는 20~100세에 이르기까지 10년 단위로 인생주기를 구분하여 그 특징을 설명하였다. 탈무드에 의하면 5세는 성경을 읽을 나이가 된 것이고, 10세는 구약성경의 구전율법인 미쉬나를 읽을 나이, 남자아이의 경우 13세는 성인식인 "바 미쯔바"(בַּר מִצְוָה)를 거치며 율법을 익힐 나이가 된 것이다. 15세는 추상적인 토론, 즉 미쉬나에 대한 주석인 "게마라"를 논할 나이가 된 것이고, 20세는 취업하여 생계를 꾸릴 나이, 30세는 힘이 절정에 달하는 나이, 40세는 세상 이치를 이해할 나이, 50세는 이제 다른 사람에게 상담을 해 줄 수 있는 나이, 60세는 연장자로서 지혜와 연륜을 갖춘 나이가 된 것으로 보았다. 70세는 흰 머리가 날 나이, 80세는 고령의 새로운 힘을 얻을 나이, 90세는 세월의 무게에 짓눌려 허리가 구부러질 나이, 그리고 100세는 이미 죽어서 세상을 떠난 것처럼 될 나이라고 하였다. 비록 육체는 노쇠해지지만 노인의 가진 경험과 지혜로서 가족과 이웃에게 공헌하는 노인들을 존중하는 개념이 기저에 자리잡고 있는 것이다. 노인의 발달은 성(性)적 발달을 포함하는 것으로서 신체적, 정서적, 인지적 발달과 더불어 함께 조명되어야 한다.

1. 전생애의 발달과 노년

보스톤 출신의 노년학자인 마틸다 릴리(Matilda Riley, 1911-2004)는 인간의 발달은 전생애적 과정이라고 주장하였다. 그녀는 생애의 발달이란 사회적, 환경적, 역사적 변화의 영향을 받는 것으로서 노년기 발달은 사회의 변화와 상호작용하는 것이라고 지적하였다. 인간의 발달에 관한 연구는 초기에는 임신부터 아동기까지 또는 청소년, 청년기까지의 변화와 발달에만 초점을 맞추었으나 평균수명의 증가로 성인기의 인구 비중이 늘어나고, 성인기 이후에도 유의미한 변화가 발생한다는 인식이 확산됨에 따라 점차 전생애적 조망을 통해 인간의 발달을 조명해야 함이 강조되기 시작하였다. 전생애적 관점에서 인간발달을 조명하는 것, 특히 성인 후기 이후의 발달에 초점을 맞춘 연구자들의 연구를 살펴보는 것은 노년기의 발달을 이해하는 데에 유용할 것이다.

1) 로저 굴드(Roger Gould)[1]

정신의학자인 굴드(Gould, 1978)는 정신과 외래환자들을 일곱 개의 연령집단으로 구분하여 발달 단계별 특성을 연구하였다. 그는 성인기란

---

[1] 로저 굴드(Roger Gould)는 탐식환자들을 치료하면서 그들이 이상적으로 생각하는 자아와 현실적 자아의 충돌에서 오는 무기력증이 "정서적 허기"(sentimental hunger)를 유발하여 폭식과 탐식으로 이어진다고 주장했다. 결국 폭식과 탐식은 신체적인 문제가 아니라 마음의 문제인 것이니다. 1994년에 개봉된 홍콩 영화 "중경삼림"(1994)은 실연의 고통에 빠진 두 젊은 경찰관의 이야기를 통해 정서적 허기의 현상을 소개한다. 사복경찰 금성무는 4월 30일까지 유통기한이 정해진 파인애플 통조림을 계속해서 먹는데 전 애인이 파인애플 통조림을 좋아했기 때문이다. 정복경찰 양조위는 매일 패스트푸드점에서 스튜어디스 애인이 즐겨 먹었던 샐러드를 산다. 이들 모두는 실연의 아픔을 잊고자 애인이 좋아했던 음식에 집착하는 것이다. 그러나 거시적인 차원에서 보면 이 두 경찰관은 1997년 홍콩 반환을 앞두고 젊은 세대가 갖는 미래에 대한 불안감과 그로 인한 정서적 허기를 드러내는 것이다. 최근 우리 사회에서 각광을 받는 "먹방" 트렌드도 이와 비슷한 모습을 보인다. 우리 사회의 젊은 세대는 신체적 욕구의 배고픔이 아니라 취업과 미래에 대한 정서적 욕구의 배고픔에 빠져 있는 것이다. 우리 사회 전반에서 보수정권의 지속과 신자유주의, 글로벌 금융위기 등으로 인해 불확실성이 커지면서 불안감이 가중되고 있다. 청년실업의 문제와 양극화, 세대 간의 갈등이 수면 위로 고개를 내민지 오래이다. 『아프니까 청춘이다』라는 자조섞인 제목의 책이 베스트셀러가 되고, "혼자놀기," "혼밥," "혼술"이 일상화되고, SNS에 몰입함으로써 불안으로부터 탈출하려는 모습 등은 오늘날 청년들의 자화상이다. 중·장년들도 "응답하라 1994, 1997, 1998"과 같은 드라마 시리즈를 보며 과거를 회상하며 정서적 허기를 채움으로써 현실의 어려움으로부터 벗어나고자 한다. 일에 중독되어 직장에서 평생을 헌신하는 마인드에서 벗어나 패션, 헤어스타일, 몸매 등에 관심을 가지고 일과 가정에 모두 열정적이면서 탁월한 패션감각으로 자신을 가꿀 줄 아는 "신 레옹족"이라는 신조어를 만들어 내는 중년남성들도 역시 정서적 허기를 채우려고 몸부림치고 있는 것이다. 노년 역시 과거의 향수에 젖어 오늘의 정서적 결핍을 채우려고 한다. 그래서 "쎄시봉" 류의 복고풍의 음악 프로그램이 인기를 얻고, 정치적인 이슈에 대하여 노년층은 집단으로 연대하여 목소리를 높이고 있다. 이 시대의 모든 세대가 정서적 허기를 경험하고 있는 셈이다. 그러한 정서적 허기는 곧 영적 허기로 직결된다. 그러한 영적 허기를 채우는 비결은 예수 그리스도의 십자가 은혜와 복음임에 틀림없으나, 그러한 복음의 메시지를 현대인들의 귀에 들리도록 전달하는 것은 시대에 대한 끊임없는 연구와 성찰을 요구한다.

일반적인 편견처럼 계속되는 고원의 시기가 아니라 아동기나 청년기와 동일하게 여러 개의 발달 단계로 구분되는 능동적이고 체계적인 변화의 시기라고 주장하며 성인기를 일곱 단계로 구분하였다.

굴드에 의하면 16~18세는 부모로부터 독립을 추구하는 시기로서 이 시기에는 자신에 대한 정체성은 긍정적인 면과 부정적인 면을 동시에 지니는 양가감정을 보이며, 19~22세는 가족으로부터 완전히 독립하지는 못했지만 동년배 집단의 가치를 중시하며 독립의 기반을 다지며, 23~28세에는 직업을 구하고 결혼함으로써 가족으로부터 독립을 이루는 시기이다. 29~34세는 부모의 역할이 어려움을 실감하며 인생에 대하여 의문을 품는 시기이고, 35~43세는 청년기의 꿈을 성취하고 실현할 시간이 지나가 버렸음을 깨달으며 결혼생활의 불만과 청소년 자녀양육의 어려움을 체감하는 시기이며, 44~53세에 이르러는 신체의 노화와 더불어 죽음이 멀지 않았음을 실감하며 배우자에 대한 애정과 의존감이 상기된다. 마지막으로 54~60세에 이르면 지나간 세월에 대하여 평가하며, 배우자, 가족, 친구에 대한 부정적 느낌이 해소되고 자녀들에 대한 비판도 줄어든다.

2) 다니엘 레빈슨(Daniel Levinson)

예일대학교(Yale University)의 사회심리학 교수인 레빈슨과 그의 동료들은 35~45세의 남성 40명을 대상으로 수개월 동안 매주 면접을 실시하였고, 2년 후에 추수면접을 실시한 결과를 통해 네 단계의 발달 단계와 세 단계의 과도기를 포함하는 성인 발달의 모델을 제시하였다(Levinson et al, 1978). 그의 연구팀은 전생애 주기를 아동기 및 청소년기(0~17세), 성인 초기(17~40세), 성인 중기(40~60세), 그리고 성인 후기(60세 이후)로 분류하였고, 각 단계의 사이마다 자신과 자신을 둘러싼 세상에 대하여 새로운 가능성을 질문하고 재평가하는 시기로서 과도기를 제시하였다. 특히 60~65세의 시기를 성인 후기 과도기로 소개하며 이 시기는 자신의 신체적 노화를 확인하며 노년기에 접어드는 것을 불안해하는 시기로서 사랑하는 사람들과 친지들의 질병과 죽음을 목격하며 불안과 우울한 감정에 사로잡힐 수 있음을 경계하였다. 따라서 창조적인 정신활동을 통하여 신체적 활동 감소로 인한 충격을 완화하고 안정감을 유지하는 것이 중요함을 강조하였다.

하지만 본 연구는 남성만을 다루었고, 인생을 단순히 20년 주기로 구분하였으며, 특히 평균수명이 연장되고 있는 현대적 상황을 반영하지 못했다는 비판을 받았다. 레빈슨(1996)은 1979년부터 여성에 관한 연구를 수행하여 여성들의 전생애를 아동기 및 청소년기(0~17세), 성인 초기(17~40세), 성인 중기(40~60세)로 남성들의 경우와 동일하게 분류하였고, 이에 성인 후기(60~85세)를 세분하고 성인 후기의 후기(85세 이후)를 추가하여 남성들보다 평균수명이 긴 여성들의 발달을 설명하려 하였다. 그러나 여성에 대한 연구 역시 여전히 전생애를 대략적인 20년 주기로 분류하였다는 비판과 남성의 연장된 평균수명을 반영하지 못했다는 한계를 드러내었다. 하지만 다른 한편으로는 가사와 직업을 구분하는, 가정과 사회에서의 엄격한 성별에 따른 역할 부여에 의해 여성들의 삶의 질이 열악하게 되었음을 지적한 것은 주목할만한 부분이다.

3) 조지 베일런트(George Vaillant)

베일런트(2012)의 연구는 1938년에 시작된 268명의 미국 하버드대학교(Harvard University)의 2학년 학생들 중에서 94명의 남성들을 대상으로 수행되었다. 부모와의 면접을 통해 아동기의 역사를 수집하였고, 대학 재학 동안에는 신체, 생리, 심리적 검사를 수행하였으며, 졸업 후 1955년까지는 매 1년, 그 이후에는 매 2년마다 질문지를 발송하여 연구를 지속하였다. 또한 1950~1952년에는 사회인류학자가 방문하여 심층면접을 실시하였고, 1967년에는 베일런트가 동일한 면접질문지를 이용하여 방문, 심층면접을 실시하였다. 연구대상자들의 평균연령은 1969년에 47세였고, 평균수입은 3만불이었고, 95%는 기혼, 15%는 이혼을 경험했었으며, 대부분은 의사 또는 변호사인 자신의 직업에 대하여 만족하고 있었다.

그는 아동기의 열악한 환경을 경험한 이들이 최악의 결과집단에 속한 비율은 47%였으나, 아동기의 불리한 환경에도 불구하고 이들 중에서 결국 최상의 결과집단에 속한 이의 비율이 17% 달함으로써 아동기 환경이 성인 후기의 성공에 있어서 유일한 결정 요인이 아님을 제시하였다. 한편, 아버지에 대한 동일시로 인하여 아버지와 동일한 직업을 선택했을 경우에 최상의 결과집단에 소속된 비율은 60%에 달했으며, 최상의 결과집단에 속한 경우에 자녀가 탁월한 학업성취를 보인 비율 역시 66%로 매우 높아서 남성의 경우 부자관계가 미치는 영향력이 지대함을 증명하였다. 베일런트는 성인 초기의 현실적 사고력과 신뢰감은 노년의 행복감과 연관을 가진다고 결론을 내리며, 건강하고 행복한 노년을 위하여 불쾌한 상황을 너무 심각한 상황으로 몰아가지 않는 성숙한 방어기제, 비흡연 또는 45세 이전의 금연 및 알코올 중독 경험의 부재, 적정 체중의 유지와 규칙적인 운동, 안정적인 결혼생활과 고등 교육 또는 평생 교육이 필요함을 강조하였다.

4) 폴 발테스(Paul Baltes)

발테스(Baltes and Baltes, 1990)는 보상을 수반한 선택적 최적화 이론(SOC: Selective Optimization with Compensation)을 주장하였다. 그는 선택, 보상, 최적화의 과정이 노년의 발달과 노화를 통제하는 행동의 체계를 결정한다고 지적했는데, 노화에 따라 한 가지 기능에 집중하기 위한 선택이 필요하며, 새로운 학습을 가미할 수 있도록 손실을 보상하기 위한 최적의 대안, 즉 획득의 극대화 및 손실의 최소화라는 적응적 발달이 요구된다고 주장하였다.

선택은 의도적 선택(elective selection)과 상실에 기초한 선택(loss-based selection)으로 구분되는데, 전자가 순수하게 원하는 바를 이루기 위한 것이라면 후자는 목표를 이루기 위한 수단을 상실했을 때 새롭게 개인의 목표체계를 재구성하는 것을 의미한다. 최적화란 선택한 목표를 실현하기 위하여 목표관련 수단이나 자원을 획득, 통합, 적용하는 것이다. 보상이란 목표를 이루는데 필요한 수단을 잃어버리거나 기능의 감퇴가 일어날 때에 기능을 유지하기 위하여 부가적인 자원이나 수단을 활용하는 것을 의미한다. 이러한 선택, 보상, 최적화라는 발달적 조절을 통해 노년의 삶을 성공적으로 관리할 수 있다는 것이다.

2. 노인의 성에 대한 오해

우리나라는 전통적인 유교 관습의 영향으로 인해 노인의 성에 대하여 왜곡된 인식과 편견을 드러내고 있다. 노인의 성은 부정적이고 점잖지 못한 것으로 터부시하고 노인들을 무성적인 존재로 간주하는 것이다(한혜자 외, 2003). 노인의 성에 대한 또 다른 편견은 성행위는 자녀 출산을 위한 행위라는 인식을 바탕으로 생식능력을 상실한 노인을 성적인 존재로 여기지 않고, 노인의 성적 욕구 충족의 중요성을 무시하는 것이다. 성관계의 목적은 출산이며, 육체적 욕구를 충족시키기 위한 성관계는 부적절하다고 지적한 어거스틴(St. Augustine)과 후손이 따르지 않는 모든 성행위는 자연을 거스르는 악이라고 주장한 중세의 교부 토마스 아퀴나스(Thomas Aquinas) 등의 영향으로 보수적인 기독교 신앙 역시 노인의 성을 터부시하는 데 이바지하였다.

그러나 노화에 따른 신체기능의 퇴화로 인하여 성적 기능과 욕구가 감소되기는 하지만 인간은 죽음의 순간까지 성적 활동력을 유지한다(최성훈, 2016, 63-64). 성에 관한 연구보고서로 유명한 윌리엄 매스터즈(William Masters)와 버지니아 존슨(Virginia Johnson, 1966; 1970)은 노화에 따른 인간의 성적 반응은 느려지기는 하지만, 나이가 든 여성에게서 생물학적 한계가 발생하지 않으며, 남성의 노화 역시 성적 만족을 위한 잠재력을 소멸시키지 않는다고 결론을 내렸다.[2] 비록 노화에 따라 성을 표

---

2 여성들은 폐경 이후 에스트로겐이라는 여성 호르몬의 생성이 저하되면서 질벽이 엷어지고 수축되며 윤활기능이 떨어짐으로 인하여 성교시 통증을 느끼거나 성적 기능을 충분히 발휘하지 못할 수도 있지만 여전히 성적인 만족을 느낄 수 있으며 규칙적으로 성관계를 유지할 경우 80대에도 오르가슴을 느낄 수 있다(Masters and Johnson, 1966; Comfort, 1978).

현하는 방식은 달라질 수 있을지 모르지만 인간은 평생 성적인 존재로 사는 것이다(Grenz, 1997).

지방에 위치한 노인복지관 두 곳과 노인대학 한 곳의 65세 이상의 남녀 노인 206명을 대상으로 한 연구에서 최근 1년 동안 성관계를 가진 비율은 68.9%였고, 관계의 상대방은 배우자가 85.2%를 차지하였다(최금봉, 2008, 113).[3] 정부 차원에서 실시된 최초의 노인 성생활 실태조사인 2011년 보건복지부(www.mohw.go.kr)의 "노인의 안전한 성생활을 위한 연구결과"는 65세 이상 노인 500명을 대상으로 수행한 연구이다. 본 연구에서 성생활을 영위하는 노인의 비중은 약 2/3인 66.2%에 달했고, 2013년 한국소비자원(www.kca.go.kr)이 60대 이상 노인을 대상으로 실시한 성생활 실태조사에서도 성생활을 즐기는 노인의 비율이 62.4%에 달했다.

10년 전에 실시한 조사에 의하면 60대 이상 노인 가운데 성생활을 지속하는 비중은 30% 대에 그쳤었기 때문에 지난 10년 사이에 노인들의 건강 상태가 더 개선되고, 더 활발한 성생활을 하고 있음이 드러난 것이다. 배우자가 있는 경우 성생활을 왕성히 하는 비율이 더 높으며, 성생활을 유지하는 노인들의 경우 그렇지 않은 노인들에 비하여 현재 질

　　남성들도 노화에 따라 고혈압, 동맥경화, 전립선 비대 등의 노인성 질환으로 인해 발기불능과 같은 성기능 장애를 겪을 수 있지만 자신이 건재하다는 심리적 만족을 위해 성관계를 지속하려는 경향이 강하다(이호선, 2012, 47). 또한 남성 노인들은 여성 노인에 비하여 상대적으로 강한 성적 욕구를 보유하며, 노년기의 배우자와의 관계는 남성의 자기통합감과 자기평가에 지대한 영향을 미치므로 성생활은 매우 중요한 자리를 차지한다(Townsend and Franks, 1997).

3　연구에 참여한 노인들의 평균연령은 71.34세였다.

병을 앓지 않는 비율이 더욱 높았다(최금봉, 2008).[4] 결론적으로 우리나라의 노인들도 여전히 규칙적인 성생활을 영위하며, 성적 만족이나 관심을 중요하게 여긴다. 늘어난 노년기와 호전된 건강, 약물의 도움을 통해 노년기 부부의 성에 대한 관심과 성적 활동은 증가추세를 보이고 있는 것이다(이호선, 2012, 45).

3. 노년기 성생활의 의의

보건복지부(www.mohw.go.kr)의 2012년 자료에 의하면 성생활을 영위하는 노인들 중에 발기부전 치료제를 구입하는 비율은 50.8%에 달하며, 구입동기는 성기능 향상(55.0%), 호기심(23.4%), 발기부선 치료(19.9%)의 순이었다. 구입 경로는 약국이 50.3%, 성인용품점 15.8%, 기타 14.6%, 노점상 14.0%, 전단지 구매 2.9%의 순이었다. 그러나 정품 의약품을 사용하는 경우는 58.3%에 불과했으며, 정품과 가품 여부를 모르고 사용하는 경우도 17.9%나 되었다. 본 결과는 노인들이 여전히 성생활을 즐기며, 성을 중요하게 여긴다는 점을 드러내며 이는 노인의 성적 욕구와 활동은 일생을 통해 지속된다는 최근 연구의 결과와도 일치한다(Beaulaurier, Fortuna, and Lind, 2014). 따라서 정확하고 객관적인 자료를 제공하여 노인들이 건강한 성생활을 지속할 수 있도록 지원하는 것이 요구된다.

---

4 건강 상태가 양호한 편이라 성생활을 즐기는 것인지, 성생활을 하기 때문에 건강을 유지하는지에 대하여는 속단하기는 이르다. 하지만 건강한 성생활이 노인들의 자아통합감에 긍정적 영향을 미치는 것은 의심의 여지가 없다(최금봉, 2008).

1) 노화와 성기능

노인이 되면 신체의 다른 기능과 마찬가지로 성기능에도 변화가 생긴다. 일례로 남성의 성적 충동은 10대에 최고조에 달했다가 서서히 줄어들고, 여성의 경우 성인기에 최고조에 달한 이후 60대 후반이 되면 감소하는 경향을 보인다. 남성의 경우 노화에 따라 음경이 발기하는 데 소요되는 시간이 길어지고, 발기 후 지속시간도 짧아지며, 정액 양이 감소함에 따라 자연스럽게 쾌감이 줄어든다. 특히 발기부전 등의 성기능 장애를 포래하는 가장 흔한 원인은 심혈관계 질환과 당뇨이며, 이는 과음과 흡연 등의 습관에 의해 악화된다. 남성은 생리적 변화가 두드러지지 않더라도 노화로 인한 적응에서 여성의 영향을 많이 받는데, 일례로 배우자 여성이 폐경 이후 우울증을 심하게 겪거나 만성질환을 앓으면 남성에게도 노화로 인한 부정적인 영향이 증폭된다(강성자, 2014, 43-44).

여성은 중년 이후 폐경기를 지나며 난소의 기능 저하로 인해 에스트로겐, 프로게스테론과 안드로겐 등의 호르몬 저하가 나타난다. 이로 인하여 질 분비액이 감소하고 생식기로의 혈류도 감소하며 질의 탄력성이 떨어지고 윤활 작용도 감소하여 성교시 통증을 느끼거나 성감이 떨어질 수 있다. 그러나 노인 여성의 경우 질 윤활액이 분비되기까지 더 많은 시간이 소요되지만 성적 흥분과 쾌감에는 거의 변화가 없으며, 폐경기 이후에도 정기적으로 성적 쾌감을 경험한 여성들은 질 위축이나 성기능 장애의 빈도가 적게 나타나며, 심리적 만족감도 높다(강성자, 2014, 46-47).

성은 인간의 가장 기본적인 욕구로서 의학의 발달로 평균수명이 늘어나면서 노인의 성은 그 중요성이 더 증대되고 있다. 노화에 따라 성욕과 성교 횟수는 줄어들기는 하지만 질병이 없는 노인이라면 죽는 날까지 성관계를 즐길 수 있다(강성자, 2014, 28). 성욕과 성기능은 어느 한 순간 사라지는 것이 아니라 신체와 정신에 심각한 손상이 발생하지 않는 한 지속적인 것이기 때문이다. 노인들의 규칙적인 성생활은 건강에도 긍정적인 영향을 미치는데 성관계는 근육 운동이므로 정상적인 활동에 도움이 된다. 남성의 경우에는 고환과 음경의 위축이 방지되어 전립선 질환이 예방되며, 여성의 경우 골다공증과 질 위축을 예방할 수 있으며, 남녀 공히 관절의 각도와 사지의 움직임이 개선된다(강성자, 2014, 31-32). 성관계는 정서적 친밀감을 제고하고, 자율성을 증진시키며, 스트레스를 다루는 능력을 향상시킴으로써 안정감과 행복감, 자신감을 부여하는 등 정서적인 측면에도 공헌한다(Hooyman and Kiyak, 2008).

2) 노년의 이성교제

노인의 이성교제는 외로움을 해소시키고 생활의 만족도 등 주관적인 삶의 질을 제고한다(임장남, 2008). 노인의 이성교제에 영향을 미치는 요인은 자녀와의 동거여부, 이성교제에 대한 본인의 수용도 및 자녀의 태도, 경제 상태 등인데, 특히 노인의 이성교제에는 뚜렷한 성차가 존재한다(이영숙, 2013).

이성교제 경험에 성차가 존재하는 것은 이에 대한 사회적 인식이 여성들보다 남성들에게 더 우호적이기 때문이며, 따라서 남성보다 더 평균수명이 긴 여성 노인에 대한 배려가 요구된다. 기혼 자녀와 동거하지 않는 노인의 경우에 이성교제 경험 빈도가 더 높으며, 특히 자녀와의 동거 여부는 남성 노인의 이성교제에 대하여 더욱 큰 영향을 미치는데, 그 이유는 남성 노인은 아내를 통해 식사 및 가사의 도움을 받으며 살아왔기 때문에 사회적 지지 체계가 좁아져서 여성 노인보다 배우자 사별로 인한 어려움을 더 많이 경험하기 때문이다(손의성, 2007).

또한 자신은 물론 자녀들의 태도가 노인의 이성교제에 영향력을 미치는 중요한 변인이므로 성인자녀를 대상으로 부모의 이성교제를 긍정적으로 바라보도록 하는 교육이 필요하다(이영숙, 2013). 남성 노인의 경우 경제력 역시 중요한 이성교제 결정의 요인인데, 이는 남성 노인에게 경제적인 역할을 기대하는 사회적 통념 때문이며, 노인의 이성교제는 재혼으로 연결될 가능성이 높은데 여성 노인들 역시 상대방의 경제력을 재혼의 주요 조건으로 받아들이기 때문이다(배나래, 박충선, 2002).

3) 음지에 놓인 노인의 성

보건복지부(www.mohw.go.kr)의 2012년 자료는 성병에 걸린 경험이 있는 노인의 비율이 36.9%에 이른다는 사실을 드러냈다. 감염된 성병의 종류로는 임질(50.0%)이 가장 많았고, 요도염(질염)이 17.2%, 사면발이 5.7%, 매독이 1.6% 등이며, 자신이 감염된 성병의 종류를 모르는 경우도 15.6%에 달하였다. 성인용품을 구입한 경험이 있는 비율도 19.6%였는데, 주로 성인용품 매장(49.2%)에서 구입하거나 신문과 TV 광고(18.5%), 전단지(7.7%), 인터넷(7.7%) 의 순이었다. 구입한 성인용품은 남성용 자위기구와 무허가 진공음경흡입기가 각각 23.5%로 가장 많았고, 성인용품 관련 불만으로는 냄새와 재질 등 위생상태 불량(30.6%),

가격 대비 실망스러운 제품 성능(22.6%), 그리고 잦은 고장(6.5%)의 순이었다. 성관련 상담의 비율도 성기능(21%), 부부간의 성갈등(19%), 이성교제(11%), 성충동(6%)의 순으로 나타나서 노인들의 성에 대한 관심이 매우 높다는 사실을 드러냈다. 의학기술 발달과 영양상태 개선 등으로 인한 건강한 노인들의 수도 증가하고 있지만 사별과 이혼 등으로 인하여 부부관계를 통한 성생활이 불가능한 경우도 늘고 있다. 이로 인해 성문제를 고민하는 노인들의 수도 늘어나고 있으며, 성매매 관련 소비자 피해나 가정불화, 성범죄 등의 사례도 증가하고 있다.

경찰청(www.police.go.kr)이 발간한 "2015년 경찰백서"에 의하면 2014년 범죄자 1,712,435명 중에서 61세 이상의 범죄자 수는 150,902명으로서 전체 범죄자의 8.8%를 차지한다. 통계청(www.kostat.kr) 자료에 따르면 2001~2010년 사이에 전체 성병감염자는 62% 감소하였으나, 65세 이상 성병감염자는 42% 증가한 것으로 나타났고, 노인 성매매 적발자 수는 2000년 191명에서 2010년에는 547명에 달하여 186% 증가하였다. 노인의 빈곤, 대가족 중심에서 핵가족 중심의 가족구조로 변화하는 데에 따라 노인들이 과거 노인세대가 누렸던 연장자로서의 지위와 권위를 누리지 못하게 되며 경험하는 무력감과 고립감, 자녀와의 별거 및 배우자와의 사별, 그리고 합법적으로 해소하기 어려운 성적 욕구 등의 문제는 노인 범죄의 증가 요인이다(유지웅, 2010).

여성가족부(www.mogef.go.kr)의 "2015년도 아동청소년 대상 성범죄 동향분석"에 의하면 전체 아동 및 청소년 대상 성범죄자 3,234명 중 166명이 60대로서 이는 5.2%에 달하는 비율이다(윤덕경 외, 2015, 32). 전도근(2011, 157)은 노인들의 성범죄는 성적 욕구의 문제라기보다는 정신적인 소외감과 상실감 때문일 수 있다고 지적하였다. 노인들이 성적으로 무지할 뿐만 아니라, 무분별한 성매매를 통한 성병에 걸렸을 때에도 노인 성병에 대한 사회의 부정적인 시선 때문에 제대로 된 치료와 상담을 받기가 힘들다. 또한 노인들의 경우 나이가 들수록 성적인 욕구를 해소할 수 있는 기회가 줄어들면서 오히려 성적 집착이 더 강해지므로 성범죄의 가능성이 높다(전도근, 2011, 156).

최근 경찰청이 국회보건복지위원회 안명옥 의원에게 제출한 "성매매 검거자 연령별 단속 현황"에 의하면 성매매를 하다 검거된 60세 이상 노인의 수는 2003년 407명에서 2006명에는 515명으로 증가하였다.[5] 서울 종로 낙원상가 뒤편과 종묘공원 일대에서 속칭 "박카스 아줌마"로 불리는 여성들과 성관계를 맺었다가 성병에 걸린 남성 노인들의 수가 증가하는 한편, 박카스 아줌마들 가운데 성매수 노인에게 폭력을 당하고 금품을 빼앗기는 사례가 있어서 사회문제시 되었는데, 최근에는 경찰 단속으로 인해 사라진 이들을 대체하여 "올빼미 아줌마"들이 등장하였다. 이는 말벗과 가벼운 스킨십을 제공하는 대가로 금품을 받는 이들을 가리키며, 저녁 무렵에 조용히 등장한다고 해서 "올빼미"라는 이름을 붙인 것이다. 노인들의 만남의 장소로 떠오르는 "콜라텍" 역시 즉석 만남의 온상이 되는 한편, 집창촌에서 윤락 여성들과 관계를 맺는 사례도

---

5 경찰청이 연령별 단속 현황 자료를 최근에 발표한 사례가 부재하므로 정확한 최근 자료를 얻을 수 없다. 그러나 과거의 자료를 참고할 수는 있을 것이다. 경찰청의 "성매매 사범 단속 현황"에 의하면 2003년 검거건수 및 검거인원은 각각 5,657건, 13,319명이며, 2006년에는 8,716건이 적발되어 34,795명이 검거되었다. 2015년 현재, 검거건수는 8,455건, 검거인원은 19,369명으로 2009년 이후 다소 줄어드는 모습을 보이고 있다.

증가하고 있어서 노인의 성에 대한 인식 제고와 대책 마련이 요구된다.[6]

4) 시설입소 노인의 성

하나님께서 인간을 창조하시되, 당신의 형상(*Imago Dei*)으로 창조하시고, 이웃사랑을 실현하도록 성이라는 선물을 주셨다(최성훈, 2016b). 또한 성관계를 통한 쾌락은 인간관계의 신비를 밝혀주고, 두 사람이 연합하여 누리는 기쁨과 즐거움을 알게 한다. 이같이 하나님께서 보시기에 좋았던 남녀 간의 연합은 인류의 타락으로 인해 훼손되었는데, 단순히 청장년의 성적인 타락뿐만 아니라 치매와 같은 질환으로 인해 발생한 성적인 문제 발생도 거시적 차원에서 보면 인간의 죄로 인해 질병과 죽음이 발생한 데에 근본적으로 기인하는 것이다.

성적 존재로 창조된 인간의 성적 능력과 욕구는 죽음을 맞이할 때까지 지속된다. 하지만 이 때문에 인지능력은 손상되었지만 신체적 기능을 유지하는 노인의 성적 행동은 윤리적 문제를 야기한다. 배우자가 있는 가운데 시설에 입소한 치매노인이 이성의 치매노인을 만나 애정을 느끼고 성적 접촉을 하는 것, 공공장소에서 성기를 드러내거나 자위행위를 하는 일, 간호사나 케어기버의 몸을 부적절하게 건드리는 행위 등, 목회적이고 윤리적인 문제는 매우 다양하고 복잡한 양상으로 발생한다(Sapp, 2003). 인지능력의 손상과 상관없이 치매노인은 여전히 하나님의

---

[6] 강성자(2014)의 소개에 의하면 콜라텍에서 춤을 추다가 마음이 맞는 남녀 노인은 술을 한 잔 하러 함께 나가다가 "짝"이 되는 경우가 많은데, "짝"이란 댄스 파트너를 넘어 성관계를 맺는 파트너를 의미한다. 또한 윤락 여성들은 남성 노인들에게는 호객 행위를 하지 않으며, 남성 노인들이 비아그라까지 먹고 오는 날에는 일진이 사납다며 그들을 외면하기 때문에 노인들은 싼값에 성욕을 해결할 수 있는 박카스 아줌마를 찾는다고 지적하였다.

사랑받는 자녀라는 인식을 바탕으로, 치매노인이 성적 욕구와 친밀감을 가장 적절한 방법으로 표현하도록 최선을 다해 돕는 노력을 지속하는 것이 기본적인 돌봄의 원리일 것이다.

4. 노인 성교육 프로그램

노인의 성은 사회적 관심 부족과 편견, 가족들의 눈치 등으로 인하여 음지에 묻히고 있다. 따라서 남성 노인의 경우 안전한 관계보다는 성매매를 통한 욕구 해소에 치중하여 성병 감염의 비율이 높아지고 있는 실정이다. 노인들의 성병이나 성범죄가 증가하는 이유 가운데 하나는 노인들이 성에 대하여 올바른 지식을 갖고 있지 못하기 때문이다. 노인들에게 있어서 성지식은 단순한 지식에 그치는 것이 아니다. 성에 대한 생리적인 이해는 상대방과 더불어 자신에게도 만족을 느낄 수 있도록 도움을 주기 때문에 노인들에 대한 성교육은 큰 의의를 지닌다(임장남, 2008).

노인의 성관계는 단순한 육체적 교류의 차원을 뛰어넘는다. 젊은 세대에 비하여 상대적으로 여생이 많지 않은 노인들의 경우 성교는 살아있음을 확인시켜주는 수단으로 기능한다(강성자, 2014). 노화에 따른 성문제를 해결할 수 있는 기본적인 방안은 성교육이며(Deacon et al, 1996), 따라서 국가가 정책적인 차원에서 각종 노인문제를 해결하기 위한 복지정책을 전개하는 동시에, 성과 관련하여는 성교육 및 성상담 서비스를 제공하는 것이 요구된다. 성교육의 내용으로는 노화에 따른 생리적 변화와 질병, 성적 능력에 대한 영향, 성에 대한 잘못된 관점을 바로잡는 것(Walz and Blum, 1987), 노인의 성에 대한 가치와 태도(Drench and Losee,

1996), 노인의 성생활에 영향을 미치는 요인과 성문화(Deacon et al, 1996) 등, 다양한 주제가 포함된다. 성교육 대상에 대하여는 노인을 중점적 대상으로 하여야 한다는 주장(Wilert et al, 2000), 노인과 젊은이들, 특히 대학생들을 포함할 것을 강조하는 입장(Story, 1989), 그리고 노인 관련 시설 직원과 노인 가족들을 대상으로 포함해야 함을 주장하는(Hodson and Skeen, 1994) 등의 다양한 의견이 있다.

우리나라의 노인 성교육 프로그램에 대한 연구는 아직 미미한 수준이다. 건전한 노년기 성생활을 위하여 노인 스스로 낡고 왜곡된 생각을 버리게 하고, 노년기 성생활의 의의와 필요성을 제고할 수 있도록 사회적 인식을 전환하는 데에는 성교육 관련 연구가 필수적이다. 노인 성교육 프로그램을 통해 노인들의 자아존중감 및 부부간의 친밀감 향상, 노년기 성에 대한 올바른 인식 제고, 노년기 삶의 종합적 만족도 증진 등의 효과를 기대할 수 있다(임장남, 2011).

우리나라의 노년기 성교육 프로그램은 노인의 성에 대한 사회적 편견, 성의 범위, 성건강 등을 포함하고 있으며, 건강한 성생활을 위한 식이요법 및 성병 예방 등의 교육을 통해 성인식과 성건강의 효과를 증가시키는데 기여하였으며, 동영상 시청과 성매매 및 성병에 관련된 뉴스 시청이 성교육 프로그램의 효과를 증진시켰음이 드러났다(박공주, 정향미, 2014). 노인 대상 성교육 프로그램의 운영은 노인들의 올바른 성지식 향상 및 긍정적이고 개방적인 태도 고취를 통해 건강한 노년을 보내는 밑거름으로 작용한다(박미현, 박명화, 2010). 그러므로 노인의 성교육 프로그램은 노인들 대상뿐만 아니라 가족들, 노인복지시설의 직원은 물론 사회 전체가 노년의 성의 필요성과 의의 등을 인식할 수 있도록 포괄적인 차원에서 운영되어야 할 것이다.

4장

노년의 인지능력과 학습

교육학을 연령별로 구분하면 전통적인 아동교육학(Pedagogy)과, 독일의 알렉산더 캡(Alexander Kapp)이 1833년 최초로 사용한 용어인 성인교육학(Andragogy), 그리고 고령화 시대를 맞이하여 새롭게 등장한 노년교육학(Geragogy)으로 나눌 수 있다.[1] 이후 노년교육학에 대하여 이론적 증명이 없이 단순히 노인교육을 구별하려 했다고 비판하며, 노인만을 위한 교육을 강조하는 차원에서 노인교육학(Elderagogy)이 주창되었고(Yeo, 1982), "고지"(gogy)의 만연이 잘못된 것이라 비판하고, 통일적 개념의 필요성을 강조하며 "인간교육학"(Humanagogy)이 제기되기도 하였다(Knudson, 1979).

---

[1] 아동교육학을 의미하는 "페다고지"(Pedagogy)는 그리스어로 "아동"을 뜻하는 "파이도스"(παιδὸς)와 "인도함"을 뜻하는 "아고고스"(ἀγωγός)를 합성한 용어이다. 성인교육학(Andragogy)은 "성인"(man)을 뜻하는 "안드라"(ἄνδρα)와 "인도함"을 뜻하는 "아고고스"(ἀγωγός)를 합성한 것으로서, 1966-67년, 포드재단의 후원을 받아 미국과 캐나다에서 강연한 유고슬라비아인 학자 두산 사이비세비치(Dusan Saivisevich)의 영향을 받은 말콤 놀즈(Malcolm Knowles, 1980)가 본격적으로 성인교육학을 연구하기 시작한 이후로 활발히 사용된 용어이다. 노년교육학을 의미하는 "제라고지"(Geragogy)는 "노인"을 뜻하는 "게론"(γέρων)과 "인도함"을 뜻하는 "아고고스"(ἀγωγός)를 합성한 것이다.

또한 페다고지, 앤드라고지, 제라고지를 통합하여 초세대적인 교육의 의미를 강조하는 "트라이고지"(Tri-gogy)라는 용어도 생성되어 노인교육이란 연령과 성별에 관계없이 각자의 관심과 이해에 따라 여러 세대가 함께 상호작용하며 새로운 지식을 만들어내는 적극적인 과정임을 강조하였다. 본장에서는 노인의 인지능력과 학습의 특성을 포함한 노인교육에 대하여 살펴보기로 한다.

1. 노인의 인지능력

1) 노인 지적능력의 특성

노인들을 대상으로 한 지능검사의 결과는 젊은 계층에 비하여 낮은 점수를 보였다. 이는 노인들이 보이는 반응속도가 저하됨에 따른 문제로서 노화에 따라 중추신경기능의 반응속도와 지각의 예민도가 감퇴된 것이 주된 원인이다. 노인들의 지적 능력이 직접적으로 감퇴했다기 보다는 신경생리적 반응의 둔화가 직접적 요인인 것이다. 또한 세대차로 인한 결과의 차이를 지적한 연구도 있는데, 세대별 특성과 차이에 따라 학업의 성취도와 지적 능력의 차이가 있기 때문에 단순히 노인과 젊은이의 지적 차이를 논하는 것은 타당하지 않다고 주장한다(Schaie and Baltes, 1974).

일반적으로 젊은 세대일수록, 영양상태가 양호하고, 건강관리가 철저하며, 교육수준 향상의 혜택을 보고, 매스컴의 발달 등 새로운 지식 흡

수에 유리하다. 노년의 지능은 일반적인 건강 및 신체 상태에 좌우되는 경향이 강하여 건강 수준이 양호한 노인들은 그렇지 못한 경우보다 높은 동작성 지능지수를 보인다. 일례로 청력감퇴가 적을수록 언어적 지능의 감퇴가 적고, 지능검사 상황에서 피로감을 덜 느낄수록 동작성 지능 손상이 적게 발생하는 것이다.

이는 노인들도 환경적, 상황적 요인이 동일하면, 젊은 계층과 동일한 학습 결과를 기대할 수 있음을 시사하는 것이며, 신체적 기능이 저하된 노인의 학습에 있어서는 학습을 방해하는 장애 요인을 줄이는 것이 노인교육의 중요 과제임을 일깨우는 것이다. 노인들에게 있어서 지식의 발전 과정은 환경조건과 구조에 의존하며, 삶의 관점에서 교육을 통한 자극과 촉진이 필요하다. 노인의 특성상 학습기술의 습득속도가 저하되었으므로 개인 고유의 경험과 기대를 존중하되, 노인 개인의 경험, 지식과 연관된 학습 기회의 제공이 요청된다. 또한 노인들의 학습재료를 유용하게 사용할 수 있는 능력은 건강상태에 영향을 받기 때문에 양질의 교육 과정에 더하여 신체적, 재정적 지원이 필요하다.

2) 지능 이론

(1) 비네-사이먼 검사(Binet-Simon Test)

인간의 지능 또는 지적 능력은 한 가지 요인으로만 설명할 수 없는 다양한 능력이 상호작용한 결과로서의 총합이며, 지속적으로 개발과 발달이 가능한 것이다. 초기의 지능 이론은 프랑스의 심리학자인 알프레드 비네(Alfred Binet)와 씨오도어 사이먼(Théodore Simon)에 의해 기반이 형성되었다. 특수지도가 필요한 학생들을 구별하기 위해 지능척도, 즉 비네-사이먼 검사(Binet-Simon Test)가 개발되었는데, 이 시기에 받아들이는 지능이란 지적인 부분에 한정한 것이며, 다양한 학습상황에서 성공하리라 기대되는 능력이었다(Binet and Simon, 1905). 비네-사이먼 검사는 스탠포드대학(Stanford University)의 교육심리학 교수인 루이스 터먼(Lewis Terman)에 의해 스탠포드-비네 검사(Stanford-Binet Intelligence Scale)로 발전되었다.

(2) 웩슬러 성인용 지능검사(WAIS: Wechsler Adult Intelligence Scale)

스탠포드-비네 검사가 단일 IQ로 표현되고 언어능력에 지나치게 비중을 두었으며 지능의 여러 하위능력을 측정할 필요가 제기되었기 때문에 이를 개선하기 위해 만들어진 것이 1936년에 개발된 웩슬러 벨뷰(Wechsler-Bellevue) 성인용 지능검사이다. 이 검사는 1955년 웩슬러 성인용 지능검사(WAIS: Wechsler Adult Intelligence Scale)로 개정되었고, 1949년에 출판된 Wechsler 아동용 지능검사(WISC: Wechsler Intelligence Scale for Children)와 함께 널리 사용되는 지능검사로 발전하였다.

지능에 대한 정의는 최초의 지능검사인 비네-사이먼 검사(Binet-Simon Test)가 1905년 발표된 이래 끊임없는 논란이 되어 왔다. 그러나 지능을 자신과 자신을 둘러싼 상황에 대한 이해능력과 환경에 대한 적응력 또는 훈련 가능성으로 보는 점에서는 그 의견을 같이 한다(Wechsler, 1958).

(3) 일반지능 요인(General intelligence: g factor)과 특수지능 요인(Special Intelligence: s factor)

지능 개념에 대하여 다양한 의견이 제기되었고, 따라서 지능 이론에도 변화가 일어났는데, 예를 들면 영국의 심리학자인 찰스 스피어먼(Charles Spearman, 1904; 1927)은 지능이란 일반지능 요인과 특수지능 요인이 복합적으로 작용한 것이라고 주장하였다. 즉, 일반지능 요인은 인지적 과제들을 해결하는데 공통적으로 필요한 기본적인 요인이며, 특수지능 요인은 수학, 기계, 언어 등을 다루는데 기여하는 특별한 정신능력이다. 오늘날 지능검사가 측정하는 지능의 개념은 스피어먼이 주장하는 일반지능 요인이다. 한편 루이스 써스턴(Louis Thurstone, 1938)은 언어이해, 기억, 추리, 공간관계 시각화, 수리력, 단어 유창성, 지각속도 등, 서로 독립된 7개의 요인이 기본 정신능력이라고 주장하며 이에 반발하였다. 이처럼 초기의 지능이론은 인지적 측면에만 초점을 맞추다가 점차 다양한 지능의 영역을 포함하기 시작하였다.

(4) 유동적 지능(Fluid intelligence)과 결정적 지능(Crystallized intelligence)

한편, 레이먼드 캐텔(Raymond Cattell, 1943; 1963)은 인간의 지능은 유동적 지능과 결정적 지능으로 구분된다고 주장하였다. 그에 의하면 유동적 지능은 내용을 결정하고 인식하는 기본적 기능으로서 외부의 정보를 유동적으로 받아들이고 가공하는 원천이 된다. 유동적 지능은 지각 및 일반적 추리력, 암기력 등의 능력과 관계되는 것으로, 신경생리학적 체계에 기초를 두므로 연령의 증가, 즉 노화에 따라 저하된다. 반면, 결정적 지능은 노화 또는 나이와 관련없는 지능으로서 연습과 훈련, 경험과 교육 등의 사회화 과정에서 일생을 통해 축적된 지식으로 형성된 것이므로 생의 말기까지 지속된다(Cattell, 1971). 결정적 지능은 자발적 학습과 교육을 통하여 지속적으로 향상되며, 60세 이후로도 향상이 가능하다고 알려져 있다(Knox, 1977).

(5) 지능구조 모형(Structure of intellect theory)과 삼원지능 이론(Triarchic theory of intelligence)

이후 지능 요소의 다양성을 강조하는 연구들이 지속되었는데 조이 기포드(Joy Guildford, 1967; 1988)는 지능을 3차원적으로 구분하여 지능의 내용, 어떻게 생각하는지의 방법론을 의미하는 조작, 그리고 생각의 결과인 산출로 나누는 지능구조 모형을 제시하였다. 그는 내용의 구성 요소로 시각, 청각, 상징, 의미, 행동의 5개 요인을, 조작에 대하여 기억인지, 기억파지, 저장, 발산, 수렴, 평가의 6개 요인, 그리고 산출의 능력으로 단위, 유목, 관계, 체계, 변환, 함축의 6개 요인을 소개하였다. 이를 모두 곱하여 3차원적 상호작용의 결과로 총 180(5×6×6)개의 지능 요인을 제안하였는데, 너무 많은 요인을 제시하였기 때문에 신빙성이 떨어지므로 오늘날에는 받아들여지지 않는다.[2] 지능 요소의 다양성을 강조하는 또 다른 학자인 로버트 스턴버그(Robert Sternberg, 1985, 2012)는 삼원지능 이론(triarchic theory of intelligence)을 제시하여 인간의 지적 능력을 분석적 능력, 경험적 능력, 맥락적 능력(실용적 능력)의 세 차원으로 단순하게 구분하였다.

---

[2] 기포드는 1967년에 발표한 초기 논문에서는 지능이 내용(4개), 조작(5개), 산출(6개)의 상호작용의 결과로 120개의 복합 요인을 갖는다고 주장하였으나 1988년에는 180개의 복합 요인을 제시하였다.

(6) 다중지능 이론(Theory of Multiple Intelligences)

대표적인 최근의 지능 이론으로는 발달심리학자이면서 하버드대학교 교육학과 교수인 하워드 가드너(Howard Gardner)의 다중지능 이론이 있다. 가드너는 초기에는 언어지능(Linguistic Intelligence), 논리-수학지능(Logical-Mathematical Intelligence), 공간지능(Spatial Intelligence), 신체운동지능(Bodily-Kinesthetic Intelligence), 음악지능(Musical Intelligence), 대인관계지능(Interpersonal Intelligence), 자기성찰지능(Intrapersonal Intelligence) 등, 7가지의 지능을 제시했다가, 이후 자연탐구지능(Naturalist Intelligence)을 첨가했고, 최근에는 실존지능(Existential Intelligence)을 추가했다(Gardner, 1993; 2006; 2011). 가드너는 다양한 지능들이 상호 독립적이면서도 특정 영역에서는 상호작용한다는 점을 인정하였고, 사람들은 개인차가 있지만 각각의 지능 요소들을 모두 보유하며, 각자가 보유한 지능 영역과 발달 속도가 다를 뿐이라고 주장하였다.

3) 학습의 개인차

지능에 대한 교육학의 오래된 논쟁은 타고난 천성(nature)과 양육(nurture) 중에서 무엇이 지능을 결정하느냐는 것이다. 이는 타고난 지능과 환경의 영향 가운데 더 결정적인 요소를 확인하고자 하는 것으로서 대부분의 학자들은 유전과 환경이 모두 지능에 영향을 미친다는 사실을 인정한다. 결국 관건은 지능의 발달에 유전과 환경이 어떻게 상호작용하는지를 밝혀내는 것이고, 이를 통해 인간의 지능을 개발하고 유지, 보존하는 데 필요한 방법을 찾는 것이 노년의 학습과 발달에도 요구된다.

지능을 이해하면 학습의 개인차를 이해할 수 있다. 노년의 학습에는 수업을 통한 능력 개발, 즉 노인들의 다양한 경험을 활용하여 지적 능력을 개발하는 교수법이 필요하다. 또한 인지적인 면만 강조하는 것이 아닌, 정서와 의지를 결합한 학습자의 전인적 이해를 바탕으로 하는 통합적 의미의 학습능력 개발이 요구된다.

특히 기독교적 지능(재능)의 개념은 하나님의 형상으로 창조된 사람은 누구나 재능을 보유하며, 이는 몸의 지체가 온전히 기능하기 위한 것으로 그리스도가 머리되신 믿음의 공동체를 이루기 위한 도구라는 인식에서 출발한다. 따라서 은사가 다양한 것처럼(고전 12:4-7), 노인의 학습 역시 다양성과 차별성의 개념으로 접근할 것을 주장한다. 지능에 대한 기독교적 인식은 노인학습자들을 지능으로 구분하여 단정짓는 자기 충족적 예언을 지양하는 한편, 인간의 지능이 완전할 수 없다는 사실을 인식하고 겸손히 교육적 책임을 다해야 함을 강조한다.

2. 노인학습의 특성

1) 노인학습의 요구사항

미국의 노인교육학자인 하워드 맥클러스키(Howard McClusky, 1971)는 노년기 학습의 요구사항으로서 대처적 요구(Coping needs), 공헌의 요구(Contributive needs), 영향력 요구(Influence needs), 표현적 요구(Expressive needs), 그리고 초월적 요구(Transcendental need)의 다섯 가지를 제시하였다. 대처적 요구란 노화 과정에서 일어나는 감퇴된 기능을 회복하고 사회에 적응하기 위해서 교육을 받으려는 요구를 의미하며, 공헌의 요구는 은퇴 이후에도 교육을 통해 새로운 능력을 함양하여 사회에 공헌하고자 하는 요구이고, 영향력 요구는 주변인들의 삶에 영향을 주고자 하는 요구이다. 표현적 요구란 사회적 활동 또는 단체 활동에 참여하여, 창의적 활동을 통해 만족과 기쁨을 얻고자 하는 요구이며, 초월적 요구는 노년의 신체적 상실을 초월하여 더 중요한 삶의 의미를 찾고자 하는 요구를 말한다.

2) 노인학습의 특징

노인의 학습에 있어서 특징적인 것은 학습재료 간의 간섭이다. 간섭이란 한 종류의 정보나 지식이 다른 종류의 정보, 지식의 학습을 방해하는 것을 의미하는데, 노인들의 학습에서 주로 발생하는 것은 과거에 습득한 지식이 새로운 지식의 습득에 부정적 영향을 미치는 순행간섭이다. 이에 대한 해결방안은 노인에게 익숙한 학습재료를 사용하고, 추상적, 명제적 개념보다 구체적인 사실을 중심으로 학습을 구성하는 것이다. 나중에 습득한 지식(정보)이 먼저 습득한 지식(정보)의 기억을 방해하는 역행간섭에 대하여는 반복학습, 회상, 실제 응용 등의 방법을 가미하여 해결할 수 있다. 노인학습에 있어서 학습속도의 조절도 필요한데, 학습의 제한 시간에는 재료제시 시간과 반응응답 시간이 있다. 노인의 경우 반응응답 시간을 여유있게 제공할 때 학습능률이 상승하며, 응답시간이 부족한 경우, 해답을 틀리게 말하는 실수오답보다, 아무런 응답을 하지 않는 누락오답의 빈도가 증가한다.

학습재료의 분류와 조직의 면에서 살펴보면 학습재료의 기억 과정은 부호화, 저장, 인출의 순으로 진행되는데, 회상시의 주요 기능이 인출이다. 단기기억보다 포괄적인 이해에 강점을 보이는 노인의 학습에 있어서는 단순암기보다는, 학습재료에 포함된 기본개념, 특수한 주제 등을 미리 요약하여 제시하면 효과적이다. 학습동기의 수준은 유의미한 학습재료들로 교육 과정을 구성할 때에 증진되므로, 노인학습의 경우 적절한 격려와 동기부여를 통해 실패에 대한 심리적 불안감을 해소하고, 교육의 참가 그 자체에 의의를 느끼도록 유도하여야 한다.

또한 눈으로 보고, 자기 스스로 소리내어 읽을 때 학습은 가장 효과적이므로(Arenberg, 1968), 시각(교재 읽기), 청각(강의 듣기), 암송 등의 교수-학습법을 복합적으로 가미하는 등, 다양한 감각통로를 이용하여 학습재료를 기억하도록 교육 과정을 운영하는 것이 필요하다. 피드백이 있는 경우 학습능률이 상승하므로 학습 결과의 피드백 제공도 중요한데, 부정적 피드백은 오히려 역효과를 낳으므로(Hattie and Timperley, 2007), 지지적이고 격려적 피드백을 주로 활용하여야 한다.

3. 노인교육의 장애 요인

1) 장애 유형의 분류

기존의 연구는 노인들이 왜 교육에 참여하는가 보다는 왜 평생교육에 참여하지 않는가에 대한 분석이 더 중요하다는 점을 지적하며, 노인들의 학습 참여의 장애 요인을 시간과 금전의 부족으로 제시하고 있다(Merriam and Caffarella, 1998). 우리나라의 경우도 노인들의 평생교육 참가에 있어서 장애 요인으로 시간 부족(89.7%)과 동기와 자신감 부족(19.0%), 가까운 곳에 교육훈련기관이 소재하지 않는 점(11.5%), 교육에 대한 안내와 정보 부족(9.8%), 그리고 교육훈련 비용 등의 경제적 부담(9.7%) 등이 지적되었다(한국교육개발원, 2015, 113-116). 미시적으로 노인교육시설이나 프로그램 다양성 부족과 경제적 어려움이 노인교육의 문제점이었고(박석돈, 1998), 거시적으로는 사회에서 노령자에 대한 학습의 중대성을 심각하게 느끼지 못하는 것이 지적되고 있다(박성희, 2004).

미국의 교육학자 캐서린 크로스(Kathryn Cross, 1979; 1981)는 교육의 장애를 상황적 장애(situational barriers), 성향적 장애(dispositional barriers), 그리고 구조적 장애(structural barriers)의 세 가지로 제시하였다. 상황적 장애란 개인 각자의 생활 사정에 의해 교육활동이 제한되는 것을 의미하는데, 교육경비의 부족, 교통편의 부재, 신체적 장애 또는 건강상태의 악화, 시간과 열정의 부족 등이 이에 해당한다. 따라서 노인의 경우 경제적, 신체적 어려움을 극복할 수 있도록 경비의 지원 및 시설과 교통의 편의가 제공될 경우 교육에 임할 가능성이 높아진다.

성향적 장애는 교육활동을 스스로 제한하는 것으로서, 흥미가 없거나, 공부하기에 너무 늦었다는 생각이다. 노인의 경우 스스로 공부하기에 늦었다는 생각을 가질 경우 가장 극복이 어렵다. 그러나 상황적 장애를 우회적으로 표현하는 경우도 있으므로 적절히 동기를 부여하면 교육 참가 가능성이 제고된다. 구조적 장애는 교육기관이 노인교육에 관심이 없는 경우인데, 일례로 교회가 단기적인 운영을 위해서 헌금을 가장 많이 하는 연령층인 장년을 위한 프로그램에 치중하는 경우 노인교육은 등한시될 수 밖에 없는 것이다.

2) 노년기 학습자의 심리적 장애 요인

노인의 경우 심리적 요인이 교육프로그램 참가의 가장 큰 장애 요인으로 작용하는 비중이 높은데, 일례로 우울증 경향이 증가할 경우 만사가 귀찮아서 교육에도 관심을 잃게 된다. 노인들은 신체 노화로 인해 지속적으로 발생하는 신체적, 사회적 스트레스에 대한 극복 능력이 저하되기 때문에 교육프로그램 참가에 어려움이 많다. 육체적 쇠약에 따른 질병, 배우자의 죽음, 경제사정의 악화, 가족과 사회로부터의 고립, 주위 환경에 대한 자기통제의 불가능성 등의 요인들이 복합적으로 작용하여 노인들의 교육참가를 방해한다.

노화와 더불어 증가하는 수동성, 경직성, 조심성, 그리고 개별성과 집단성이 상호작용하여 노인의 학습에 대한 심리적 장애 요인으로 작용한다. 예를 들면 노화에 따라 사물을 처리하는 형태가 수동적으로 변화하여 새로운 학습에 대한 동기수준이 저하되는 것은 물론, 새로운 정보와 기술의 습득을 방해한다. 경직성이란 어떤 태도, 의견, 문제해결에 대하여 예전부터 사용해 온 방법이 더 이상 최선이 아님에도 불구하고 고수하는 경향인데, 노화에 따라 유동성 지능이 쇠퇴하는 것이 노인들이 보이는 경직성의 주된 원인으로 지목된다.

또한 노화로 인한 감각 및 지각 능력의 쇠퇴로 조심성이 증가하는데 때로는 지나친 조심성이 학습의 장애 요인으로 작용한다. 노인들은 속도보다는 정확성에 큰 비중을 부여하므로 학습에 있어서 "정답을 말하기"보다는 "오답을 말하지 않기"에 중점을 두는 경향이 있기 때문이다. 또한 오답을 말했을 때에 수치심을 느끼는 것을 꺼려하는 노인들의 특성을 고려하여 수업을 운영하여야 한다.

노년기 학습자에게 있어서 개별성, 즉 개인적 차이는 교수-학습 과정의 핵심적 측면이다. 나이가 들어감에 따라 개인의 지식과 경험의 차이는 현저히 증가하기 때문에 단순히 연령대로 구분하여 같은 수업을 운영해서는 안 된다. 개인의 수준차를 고려하여 다양하고 풍성한 교육 과정을 구성해야 하는 것은 노인교육의 필수 고려사항이자 애로 요인이다. 반대로 노인들은 시간의 경과에 따라 각 세대마다 독특하게 경험되는 연령집단효과(Cohort effect)의 영향을 받아 집단성을 보이기도 한다. 따라서 개인의 독특한 전문적 지식과 경험 또는 선행학습을 요구하지 않는 일반적인 프로그램의 경우 노인학습자들의 동시대의 경험으로 인한 동질적 정서와 가치관을 활용하여 운영하는 것이 효과적이다.

4. 노인교육의 이론과 실제

1) 노인교육의 특성

미국 크리스챤신학교(Christian Theological Seminary)의 회중교육및 리더십 교수인 디 브루스 로버츠(D. Bruce Roberts, 2010)는 노인교육의 특성을 문제 또는 이슈의 식별, 질문을 통한 (기존) 관점에 대한 도전, 주제와 이

수에 대한 공식적 참여 촉진, 그리고 개별적 경험에 근거한 관점의 교류로 제시하였다. 반면 미국의 성인교육학자인 말콤 놀즈(Malcolm Knowles, 1980)는 노인교육의 특성으로서 독립성, 자기주도적 이해, 지식과 경험의 학습에 대한 적용, 삶과 연관된 문제 제기, 그리고 현재적 과제와 문제에 중점을 두는 모습이라고 지적하며 노인들이 추구하는 실용성을 교육의 특징으로 소개하였다.

2) 노인교육의 목표 설정 및 교육 내용의 선정

노인교육에 있어서 목표 설정의 기준으로는 철학적, 사회적, 개인적 관점을 들 수 있다. 우선 철학적 관점에는 국가이념 및 삶을 존중하는 민주주의 정신 등이 반영되어 있어야 하며, 사회적 관점으로서 사회현실과 요구를 반영하여 사회의 변화에 효과적으로 적응할 수 있도록 도움을 제공하는 한편, 문화적 전통을 다음 세대에 전달하는 계승의 차원이 가미되어야 한다. 또한 개인적 관점을 반영하여 건강증진, 경제생활, 역할상실, 고독감, 소외감 등의 극복 내용이 포함되도록 교육 목표를 설정하고 교육 내용을 구비하여야 한다.

허정무(2007)는 노인교육의 내용 선정의 원리로서 교육 내용이 교육의 목표와 일치해야 하고, 노인들의 능력수준과 흥미, 필요에 적합해야 하며, 노인들의 의견이 반영된 교육 내용으로서 노인들의 경험과 밀착, 통합되어 노인들의 실생활에 도움되어야 하는 점, 적절한 반복을 통한 누적 학습효과를 기대할 수 있는 내용, 그리고 내용의 단순 반복이 아니라 계열성이 확대될 수 있도록 내용을 구성해야 함을 제시하였다. 또한 노인교육의 기본 원리로서 자발성, 존중, 동행, 생활화, 다양화, 개별화와 경험을 제시하였다(허정무, 2007).

　노인교육은 일방적 강의가 아니라, 노인 스스로 참여하여, 발표, 토의 및 제작활동을 이끌 수 있도록 자발성을 가미해야 하고, 예의, 겸손, 존경이라는 존중, 즉 경로사상을 바탕으로 해야 하며, 교수자의 일방적인 계획이 아니라, 노인들이 참여하여 계획을 세우고, 평가하도록 하는 동행의 원리가 반영되어야 한다.

　또한 노인교육의 내용을 구성하는 원리가 강조하는 것처럼 생활화의 원리, 즉 교육 과정을 노인들의 실제 생활과 밀접히 관련되는 내용으로 구성하는 것이 효과적이며, 토론, 연극, 견학, 발견 등 다양한 학습 활동을 가미하여 구성하고, 노인들이 직접 참여하여 경험하는 직접경험 외에도 시청각 교재를 활용하여 간접경험의 기회를 부여하는 등 다양화의 원리도 노인교육을 알차게 만드는 요인이다. 실용성을 중시하는 노인들의 학습 특성을 고려하여 이론적인 것보다는 실제적인 것, 추상적인 것보다 구체적인 것으로 교육 과정을 구성하되, 어느 연령층보다 다양한 경험과 지식을 보유한 노인들의 지적 능력, 학력, 흥미, 성격, 배경, 건강 상태 등, 개인차를 고려한 개별화의 원리를 수용한 맞춤형 교육을 구성해야 한다.

　한편 기영화(2007)는 노인교육의 원리로서 자기주도성, 경험, 발달 단계, 문제해결, 내적동기의 원리를 제시하였다. 그에 따르면 노인들은 아동들과 달리 자신들만의 학습 목표를 스스로 세우고 싶어하므로 노인교육 프로그램의 교수자들과 프로그램 개발자들은 학습 목적과 교육 내용, 교수 방법 등을 논의할 때 노인학습자들을 참여시키는 것이 바람직하다. 또한 다른 세대보다 풍부하고 다양한 경험을 지닌 노인들의 학습에는 기존 지식과 연결하는 교육 과정의 내용 구성이 효과적이며, 노화에 따른 발달 과정의 특성을 가미하여 노인학습자들이 실제 삶에서 사용할 수 있는 지식을 전달하여야 한다. 노인들의 교육참여 동기는 외적인 권고보다 내적인 동기에 의한 경우가 많으므로 강의의 내용도 중요하지만 그들의 동기를 고려하여 분위기 좋은 그룹을 형성할 수 있도록 프로그램을 구비하는 것이 더욱 중요하다(기영화, 2007, 63-64).[3]

3) 노인교육의 교수-학습법

(1) 강의법

노인교육의 교수-학습법으로는 노인교육뿐만 아니라 대부분의 교육 현장에서 가장 많이 활용되는 강의법이 기본적인 방법론으로 사용된다. 노인교육 강의의 강사로는 외부 전문가, 노년교육에 특화된 강사, 노인 강사 등이 활동하고 있으며, 노인들은 강사진으로서 건강관리 강사, 노년문제 전문가, 대학교수, 사회 저명인사의 순으로 희망하고 있다(허정무, 2007, 219). 강의법의 장점으로는 교수자의 계획대로 교육프로그램의 진행이 가능하고, 관련 지식을 체계적으로 전달할 수 있으며, 동시에 많은 인원에 대한 교육이 가능하다는 점 등이 있다. 또한 우수 강사를 확보할 경우, 수준 높은 강의의 질에 의하여 노인학습자들의 흥미와 동기를 유발할 수 있다.

---

[3] 노인들에게는 교육 내용보다 휴식 시간에 갖는 교제가 더 의미있는 경우가 있다는 사실을 간과해서는 안 될 것이다. 노인교육에 있어서 "따뜻한 환대의 환경"(Hospitable Environment) 조성은 가장 중요한 동기부여의 수단이 될 수 있기 때문이다(Palmer, 1993, 74).

그러나 강의법은 유능한 강사 확보가 어렵고, 노인들이 수동적이므로 일방적인 강의를 수강할 경우 자발성이 저하되며, 노인들의 다양한 경험과 지식으로 인하여 학습자들의 지적 표준 범위가 광범위하므로 강의의 표준(중심)을 선정하기가 곤란하다는 단점을 노출한다. 특히 신체적인 피로도를 고려해야 하는 노인교육의 특성상, 강의의 시간 및 질에 따라 집중이 어려울 수도 있다. 그러므로 청력과 시력이 좋지 않은 노인들을 앞자리에 배치하고, 강의의 속도를 다소 천천히 조절하여야 하며, 새로운 내용을 다룰 때에는 단계적으로, 선행지식과 연결하여야 한다. 또한 중요한 내용은 반복하여 인지도를 제고하고, 시청각 자료를 활용하여 흥미를 진작시키며, 적절한 휴식을 활용하여 지루하지 않도록 운영하는 한편, 강의의 말미에 내용을 요약하여 정리하면 효과적이다.

(2) 문답법

문답법은 강의내용을 확인하고 기억을 강화하며, 중요한 내용에 집중할 수 있도록 하는 방법이다. 하지만 문답법은 단독으로 진행이 어려우며, 강의 또는 현장견학 과정에서 다른 수업 방법과 병행하여 사용함으로써 강의의 효율을 제고할 수 있다. 교수자의 질문은 목적을 명확히 전달할 수 있도록 간단명료해야 하며, 질문의 난이도 또는 노인학습자의 난청 여부를 확인하여 질문이 제대로 전달되고 이해되었는지를 확인해야 한다. 또한 개인차에 적합하게 질문을 조정해야 하고, 특정인이 아닌, 학급 전체를 향하여 하는 질문을 가미하여 학습의 다양성 및 효과를 제고할 수 있다. "예, 아니오"와 같은 단순 답변을 유발하는 질문을 지양하고, 노인학습자의 생각을 요구하는 개방된 질문을 사용하여야 함은 기본적인 질문의 원리에 해당한다.

　노인학습자의 응답 처리에 있어서도 학습자의 답변을 존중하여 완벽하지 않은 응답이라 하더라도 방향이 옳으면 교수자가 보충하여 결론적으로 정리하고, 격려와 칭찬을 아끼지 않음으로써 노인학습자들이 안심하고 발언할 수 있는 분위기를 조성해야 한다. 또한 노인학습자가 질문할 때에는 어떠한 형태의 질문도 존중하고 친절하게 답변하며 응대함으로써 가능한 많은 질문을 유도하여 학습의 효과를 제고해야 한다. 노인학습자의 질문에 대하여 다른 노인학습자가 답변하도록 권장하여 상호학습이 이루어지도록 인도하고, 질문 내용에 대하여 교수자가 모를 경우 모른다는 사실을 인정하고 다음 기회에 답할 것을 약속하여 교수자와 학습자 상호 신뢰를 제고하여야 한다.

(3) 토의법

　토의법은 노인들의 제각기 다른 풍부한 경험을 교류할 수 있는 장을 제공하여 의견을 교환하고 삶을 나눔으로써 동질감을 제고하고, 갈등을 해소할 수 있도록 하기 때문에 노인교육의 방법으로 적합하다. 그러나 사회자의 역할이 매우 중요한데, 사회자는 토의 내용을 분명히 규정하고, 발언 기회를 고르게 분배하며, 유머를 활용하여 의견대립을 해소하는 한편, 토의 종료시 내용을 요약·정리하여 마무리해야 한다. 토의에 참가하는 노인 참가자 역시 발언 전에, 자신의 생각을 정리하고, 타인의 의견을 존중하는 태도를 유지하며, 짧고 명료하게 발언하고, 사회자의 진행에 협력하여야 한다.

　우선 소개할 토의법의 종류로서 10명 이내의 인원이 분단을 나누어

원탁에서 토의하는 원탁토의법이 있는데, 이때 사회자와 서기를 선출하여 토의 진행 및 토의 내용을 정리하여야 한다. 가장 바람직한 참여인원은 6~7명이며 자유로운 분위기를 조성하여 토의를 통한 학습효과를 제고하여야 한다. 5~7명의 전문가를 초청하여 자유롭게 토의하도록 하는 패널토의는 전문가 중심의 토의법으로서 마무리 시점에서 사회자가 청중의 의견을 수렴할 수 있으며, 종료시 사회자가 내용을 요약하여 정리함으로써 효과적으로 토의를 마무리할 수 있다. 5~7명의 참가자를 사회자 중심으로 청중들을 향해 배치하는 심포지엄의 경우, 참가자들은 사회자의 인도에 따라 미리 준비한 내용을 발표한다. 발표의 종료 시점에서, 발표내용에 대하여 청중은 질문할 수 있고, 발표자는 답변함으로써 토의 내용을 정리한다. 1~2명이 연설한 후에 청중들이 질문함을 통해 토론을 전개하는 공개토론의 방법도 특정한 이슈에 대하여 기본지식을 함양하고 식견을 갖추도록 하는데 유용하다.

(4) 현장학습법(견학)

현장학습법은 견학을 통하여 견문을 넓히고 생동감있는 지식을 함양함은 물론, 학습자들 간의 친교를 제고하는 유용한 방법이다. 현장학습법의 특징 및 주의사항으로는 관광, 구경의 성격을 뛰어넘어 종합학습이 이루어질 수 있도록 참가자들로 하여금 견학의 목적을 분명히 숙지시키는 것이 중요하다는 것이다. 교수자와 학생 대표의 사전답사를 통해 소요시간, 피로정도, 숙박시설, 소요경비, 안내자 등 방문 장소에 대한 사전 정보를 입수하여야 하며, 노인 참가자들의 건강 및 심리상태를 점검하고, 긴급 연락처도 확인해야 한다. 질병 및 안전사고에 대한 대비

책도 마련해야 하는데, 가급적 간호사 등 의료인력을 동반하는 편이 바람직하다. 견학팀을 구성할 때에는 노인 참가자들이 스스로 자치조직을 구성하여 활동하도록 하는 것이 좋다. 출발 전에 유의사항을 전달하여 미리 숙지하도록 하고, 견학 중 수시로 인원수 및 건강상태를 파악하여 불의의 사고에 대비하여야 하며, 견학 후 견학 절차 및 내용, 참가자의 행동 등을 평가하는 모임을 준비하여 과정을 정리하여야 한다.

(5) 조사활동

조사활동은 노인들의 생활과 밀접한 연관이 있는 내용을 주제로 삼되, 주로 지역사회와 관련된 내용을 선택하는 편이 실질적인 도움을 제공할 수 있다. 조사의 절차는 조사 주제의 선정, 주제에 맞추어 세분화된 조사내용을 선정하고, 조사를 위한 소그룹을 조직하며, 면접, 질문지, 문서분석, 관찰 등 조사대상 및 방법을 선정하는 것으로 진행한다. 자료수집 및 정리를 통해 조사를 마친 후에는 관련 내용을 분석하고, 이를 보고서 발행을 통해 보고하며, 이후 활동을 평가하는 시간을 통해 피드백을 기록하고 향후 조사활동을 개선하는 지침으로 삼는다.

5장

영화를 통해 본 노년의 케어기빙

    5장에서는 동서양의 대표적인 영화 두 편을 통해서 노년의 삶 및 노인을 돌보는 케어기빙의 원리를 조명한다. 동양의 경우 노인들을 돌보는 1차적 책임을 가족, 특히 배우자 또는 자녀가 부담하는 경우가 많으나 서양은 시설에 의존하는 경우가 대부분이다. 또한 동양에서 노인이 병원을 방문할 때에는 며느리가 동반하는 경우가 많으나, 서양의 경우에는 딸이 동반하는 경우가 더 많은 등, 동서양의 차이가 존재한다. 2002년에 일본에서 상영된 "소중한 사람"(원제: 오리우메[1])과 2006년 캐나다에서 상영된 "어웨이 프롬 허"(Away from Her)는 그러한 동양과 서양의 차이를, 치매를 앓는 두 사람의 여성 노인 주인공을 돌보는 과정을 통해 잘 드러낸다.

    이 두 편의 영화 외에도 참고할 만한 영화로는 2001년 개봉된 영국 영화 "아이리스"(Iris), 2002년 개봉된 독일영화 "아버지의 그늘"(Coming

---

[1] "오리우메"(折り梅)란 "꺾어진 매화"란 뜻으로서 꺾어진 매화와 같이 치매로 인해 노쇠해진 여성 주인공 마사코를 은유하는 제목이다.

Home), 2012년작 프랑스 영화 "아무르"(Amour), 2014년 개봉작 미국영화 "스틸 엘리스"(Still Alice), 그리고 일본에서 각각 2000년과 2006년에 개봉된 "금발의 초원"(金髮の草原)과 "내일의 기억"(明日の記憶)이 있다. "아이리스"는 노벨문학상의 후보였던 영국의 고전 작가이자 철학자인 아이리스 머독이라는 실존인물의 이야기를 영화화한 것으로서, 영국의 최고 명문 대학인 옥스포드대학교에서 교수로 만난 아이리스와 존은 40년간의 결혼 생활 끝에 아이리스의 알츠하이머 병으로 인하여 고통을 겪는 과정을 그리고 있다. 존이 아이리스를 5년간 헌신적으로 돌보지만 결국 아이리스는 최악의 상황에 이르러 특수요양원에 보내지고 그곳에서 생을 마감하고 만다.

"아버지의 그늘"은 62세의 버스기사인 리하르트가 알츠하이머 병에 걸려서 아들 요흔의 집에서 살면서 발생하는 에피소드를 담고 있다. 요흔의 아내 아냐는 직장까지 그만두고 시아버지 리하르트를 돌보지만 증세는 더욱 악화되고, 리하르트의 손자인 자신의 아들 올리버를 제대로 양육하지 못하는 지경에 이르자, 결국 요흔이 간병을 하다가 아버지를 요양원으로 보낸다. 그러나 죄책감으로 다시 리하르트를 데려오지만 리하르트는 집에 불을 질러 버리고, 더 이상 참지 못한 아냐는 친정으로 돌아가고, 엉망이 된 집에서 아버지 리하르트를 돌보는 요흔의 모습으로 영화는 마무리된다.

"아무르"는 정년퇴임 후, 평화로운 삶을 사는 노부부인 조르주와 안느의 일상에 불어온 질병으로 인한 어려움을 그린 영화이다. 부인 안느가 뇌졸중에 걸려 반신불수가 되자 헌신적으로 그녀를 돌보던 조르주는 안느의 병세가 점차 심각해지고, 참을 수 없는 고통을 호소하자 결국 아내를 베개로 질식사시키고 자신은 가스자살을 하고 만다. "스틸 엘리스"는 존경받는 교수이자, 사랑받는 아내요, 세 자녀의 어머니로서 평온한 삶을 살아가던 엘리스가 알츠하이머 병에 걸려서 어려움을 겪으며 질병에 맞서는 모습을 그렸다. "금발의 초원"은 노인들의 도우미로 일하며 동생과 함께 사는 18세의 소녀 나리스가 80세 노인 닛포리를 만나며 벌어지는 일들을 그린 영화이다. 닛포리는 지병인 심장병 때문에 평생 바깥 출입이 자유롭지 못한데다가 치매로 인하여 자신이 20세라고 믿고 있다가 나리스에게 청혼을 하기도 하는데, 결국 자신의 현실이 무엇인지 알기 위하여 지붕에서 뛰어내리기로 결심한다. "내일의 기억"은 광고회사에서 능력을 인정받으며 열심히 살아가는 가장 사에키가 한창 때인 49세에 알츠하이머 병에 걸려서 아내와 외동딸에 대한 기억마저 잃어버리는 모습을 통해 개인의 고통은 가족의 고통이라는 사실을 묘사하였다.

1. 돌봄을 필요로 하는 치매 노인

1) 소중한 사람[2]

주인공 마사코는 치매를 겪으며 기억을 잃어버리는 과정에서 어린 시절 바닷가에서 어머니를 기다리던 과거로의 정서적 회귀를 경험한다. 어린 시절 애타게 기다리던

---

2 본 영화를 소개하는 이미지는 저작자 표시가 필수이고, 상업적 이용이나 컨텐츠 수정이 불가한 그림화일이다. 본 이미지의 출처는 "http://blog.naver.com/books-sok/30118597116"이다.

어머니와의 재회, 그리고 해변에서 보낸 즐거운 시간의 뒤로 어머니의 재혼, 그리고 새 아버지가 어머니를 구타하는 장면 등의 안 좋았던 기억들은 마사코의 현재 기억을 되살려 놓기도 하고, 다른 한편으로는 망각을 통해 그러한 상처들을 잊어버리게도 한다. 그러나 자신을 돌보는 며느리 도모에는 물론 네 자녀들도 마사코의 그러한 과거와 상처는 전혀 헤아리지 못한다. 점차 잃어가는 현재의 기억 가운데 오히려 뚜렷해지는 과거의 기억 속의 어머니를 향한 마사코의 그리움은 동서양과 고금을 막론하고 동일한 것이다.

어머니의 존재는 그 누구보다 내 편이 되어 철저히 나를 품어주고, 용납해 주고 사랑해 주는 애정의 중심이기 때문이다. 어린 시절 몸이 아플 때마다 머리에 손을 짚어 주고 걱정해 주는 어머니에 대한 마사코의 기억은 보편적인 것이다. 치매로 인하여 희미해지는 기억은 마사코의 자존감과 삶의 의미 모두를 희미해지게 만들었다. 그 가운데 자신의 존재에 대한 가치 인식은 삶의 의미를 찾는 데에 중요한 축이 되었고, 어떤 상황에서도 자신의 가치를 인정해 주고 사랑해 주던 어머니의 존재가 마사코에게는 그래서 그토록 더 그리운 것이었다.

마사코는 네 자녀들에게 살가운 대접을 받지 못했다. 오랜만에 찾아온 딸은 고작 하루도 견디지 못하고 집으로 돌아가고, 함께 사는 막내 아들은 어머니 마사코를 전혀 이해하지 못하고 어머니의 쓸쓸한 투정도 받아줄 여유조차 없다. 그래도 막내 며느리 도모에는 마사코를 잘 챙기려고 노력하지만 낮에는 일을 하며 자녀들을 함께 챙겨야 하는 며느리 또한 마사코를 전심으로 돌보긴 여간 어려운 일이 아니다. 그런 모든 상황을 다 이해하지만 마사코는 소중한 기억들을 잃어 가는 자신이 붙잡을 수 있는 유일한 끈은 가족이라는 것을 본능적으로 직감하고 가족에게 매달린다. 그러나 그 과정에서 치매로 인한 불안함과 그로 인한 감정의 기복이 본의 아니게 거친 표현을 유발한다. 평생을 바느질을 하며 네 자녀를 양육한 강한 어머니인 마사코는 이제 점차 힘과 기억을 잃어가는 약한 늙은이로 전락함을 슬퍼하며 삶의 끝자락에서 마지막 몸부림을 치는 것이다.

    그러나 어떻게 자신의 생각과 감정을 표현해야 하는지에 대하여 미숙하기만 한 마사코는 가족과의 충돌과 갈등으로 더 비참한 처지에 놓이게 됨을 한탄하였다. 치매를 앓는 노인들의 경우에 자신들의 인생을 정리하고 그 의미를 되새기는 단계에서 맞이하는 자신의 기억 손상은 매우 당황스러운 것이다. 자녀 세대, 손주 세대 등 젊은 세대로부터 받고자 하는 존경이 자신의 기억력 상실과 노화로 인해 박탈된다고 느낄 때 야기되는 자괴감은 삶의 의미에 대한 회의마저도 불러 일으키는 것이다. 그래서 마사코는 차마 자기 손으로 자신의 목숨을 끊을 수는 없다며 칼을 들고 자신을 죽여 달라고 아들과 며느리에게 외치기까지한 것이다.

2) 어웨이 프롬 허(Away from Her)[3]

여주인공 피오나는 치매를 앓으며, 소중한 남편과의 기억조차도 점차 잊어버리고 있다. 피오나는 기억력의 손상으로 과거를 잃어버리는 자신에 대한 실망과 자신에게 너무나 희생적인 남편에 대한 미안한 마음

---

3 본 영화를 소개하는 이미지는 저작자 표시가 필수이고, 상업적 이용이나 컨텐츠 수정이 불가한 그림화일이다. 본 이미지의 출처는 "http://blog.naver.com/ximetal/220202285929" 이다.

으로 시설 입소를 결정한다. 사랑하는 남편과 한 달 동안 떨어져 있어야 하는 시설의 규정 때문에 남편과 마지막 사랑을 나누고 눈물로 남편을 떠나보낸 피오나는 자신보다 더 안 좋은 상황의 남성을 만나 자발적으로 그를 돌보는 따뜻한 마음의 소유자이다. 자신의 처지와 비슷한 노인 오브리를 만나 공감하는 동시에 그를 도와줄 수 있다는 사실에 삶의 보람과 안도감을 동시에 느낀지도 모른다.

그러나 오브리를 돌보며, 그에게 모든 에너지를 집중하는 과정에서 그녀의 기억 상실은 가속되고, 급기야 한 달 뒤에 남편 그랜트가 찾아왔을 때, 어렴풋이 그랜트를 기억할 뿐 그가 자신의 남편인지 조차도 알아보지 못한다. 회복과 악화방지를 위한 시설입소가 오히려 그녀의 기억을 급격히 빼앗아가는 무익한 도구가 된 것이다. 아이슬란드계 캐나다 이민자인 그녀는 역시 같은 아이슬란드 출신 캐나다인 남편 그랜트가 읽어준 『아이슬란드에서 온 편지』라는 책을 즐겼지만 이제는 그 책에 대한 기억마저 사라져 버려서 그 책이 무엇인지 분간하지 못하게 되었다.

그럼에도 불구하고 이 장면은 노인 대상의 케어기빙에 있어서 하나의 원리를 제시한다. 케어기빙을 필요로 하는 노인들의 자립성, 독립성을 인정해야 한다는 것이다. 자신이 타인에게 의존하는 수동적인 존재가 아니라 다른 사람을 도울 수 있는 능력이 아직 남아 있는 가치 있는 개인이라는 사실을 경험할 수 있는 기회가 얼마나 소중한 것인지를 영화는 보여준다. 그러한 기회를 가능케 한 오브리를 돌본 1개월이라는 짧은 시간이 40년 이상을 함께 살아온 남편보다도 더 의미있는 계기가 되었다는 사실은 단순히 치매로 인한 인지적 오류의 결과로만 치부하기 어렵다. 점차 쇠퇴해져 가는 육체와 희미해지는 기억과 상관없이 한 개인으로서 인정받고 존중받는 것의 중요성이 다시 한 번 강조된 것이다. 또한 사람은 더불어 사는 존재라는 사실 또한 새삼스럽게 상기된다. 서로를 돕고 의지하며 살아가는 존재가 사람인 것이며, 지금 내가 다른 이들을 도울 수 있다고 해서 영원히 도움만을 제공하는 것이 아니라 때로는 도움을 받아야 할 필요도 되새기는 통전적이며 포괄적인 지혜가 요청된다는 사실을 영화는 넌지시 제시하고 있는 것이다.

2. 케어기버의 삶과 시각

1) 소중한 사람

마사코의 며느리 도모에는 심성이 고운 중년여성이지만 치매를 앓는 마사코를 이해하지 못해 갈등을 겪었다. 어머니의 고된 삶을 알지만 어머니와 소통하는 방법을 알지 못해 어머니를 시설로 입소시키자는 남편, 사춘기에 접어들어 한창 외모에 신경을 쓰는 딸과 소통하는 과정에서 겪는 어려움, 아직 한창 양육과 돌봄을 필요로 하는 어린 아들, 그리고 맞벌이를 해서 삶을 유지해야 하는 평범한 서민적 삶 가운데 며느리는 누구도 이해할 수 없는 외로움과 혼란함에 처해 있다.

시어머니를 존중하면서도 깊이 이해하지 못해 동네 사람들 앞에서 시어머니에게 머리채를 잡히기도 하는 수모까지 겪은 도모에는 남편의 의견을 따라 시어머니 마사코를 단순히 시설로 입소시키는 것이 궁극적인 해결책이 아니라는 사실을 가슴으로 느꼈다. 무엇보다도 시어머니를 이해하고 관계를 회복하는 것이 중요하다는 사실을 인지하는 마음 바탕을 지녀서, 친딸도 손사레를 치며 피하는 시어머니를 모시고 함께 살 결심까지 한 것이다. 그러나 치매를 앓는 시어머니에 대한 이해 부족으로 매 순간 갈등과 좌절을 경험하였다. 현재 위치에서 자신이 할 수 있는 최선을 다하기 위해 간병인까지 불러 들여서 시어머니를 돌보려 하였지만 좀처럼 시어머니 마사코를 이해할 수 있는 기회는 오지 않았고, 가족의 갈등은 점차 심해져만 가는 것을 경험하며 좌절하게 되었다. 그러나 참을 수 없는 답답함으로 인하여 집을 뛰쳐 나가 들어간 오락실에서 가출 여학생을 만난 경험은 딸을 이해하는 지평을 넓혀 주었고, 시어머니 마사코에 대한 "역지사지"(易地思之)의 문을 넓혀 주었다.

  한바탕 갈등의 결과로 집을 나간 시어머니 마사코를 빗속에서 집으로 모셔온 도모에는 그날 밤 마사코의 곁에서 잠을 자며, 마사코가 불러 주는 흘러간 옛 노래를 들으며 시어머니의 지난 삶에 대하여 관심을 갖게 되었다. 그리고 외식을 함께 하며 마사코의 옛 이야기를 들으면서 차츰 마음을 열고, 시어머니를 조금 더 이해할 수 있게 되었다. 치매 노인들의 모임에도 시어머니를 모셔 가서 같은 상황의 노인들과 교제할 수 있는 기회를 드리고, 그 과정에서 발견한 마사코의 미술적 재능은 마사코 자신에게는 물론, 며느리 도모에 자신에게도 큰 기쁨이 되는 놀라움이었다. 남편도 치매 노인들의 삶을 경험할 수 있도록 자원봉사에 초청하고, 시어머니의 미술작품을 출품하는 한편, 입상 소식을 남의 말을 하기 좋아하는 동네 아낙네에게 자랑함으로써 시어머니 마사코의 치매를 앓는 모습과 동시에 그녀의 재능을 함께 전달하며 현재의 모습 그대로 객관적으로 시어머니를 인정하고 받아들일 수 있도록 하였다.

그 과정에서 자신에 대한 긍정, 사춘기 딸과의 화해, 남편의 이해 증진 등 여러 가지 열매들을 함께 거두게 되었다. 민감한 시기의 딸이 할머니 마사코를 돕는 과정에서 어머니 도모에와 할머니 마사코를 동시에 이해하는 성숙의 과정이 함께 그려짐으로써 치매 노인에 대한 케어는 가족 중 특정인이 전적으로 전담해야 하는 과제가 아니라 가족 모두가 더불어 살아가며 함께 나누는 삶의 일부분이라는 사실을 영화는 잔잔히 전달하고 있는 것이다.

2) 어웨이 프럼 허(Away from Her)

그랜트는 아내 피오나에 대한 사랑으로 어떤 희생도 치를 각오가 되어 있었다. 아내의 조부모 세대로부터 살아온 집에서 아내를 지극 정성으로 챙기는 남편인 그랜트는 아내의 주장에 못이겨 시설 입소를 결정했지만 치매 노인 위주가 아니라 행정편의 위주인 시설에 대하여 불안한 마음을 감추지 못한다. 그래도 아내가 강력하게 주장하기에 1개월이라는 분리를 무릅쓰고 아내의 입소를 결정했던 것이다.

그러나 한 달 만에 꽃을 사들고 찾아간 그를 만난 아내는 그랜트가 그녀의 남편이라는 사실을 기억하지 못하고 그저 친밀한 사람 중의 한 사람으로만 생각한다. 피오나와, 그녀가 시설 안에서 돌보고 있는, 치매를 겪는 남성 노인 오브리와의 너무나 가까운 관계에도 불구하고, 그랜트의 아내를 깊이 사랑하는 마음은 또 다시 매일매일의 기다림을 가능하게 했다. 직접적인 케어기버의 책임에서는 벗어났지만 그랜트는 가장 기본적인 케어기버의 역할은 자신만이 감당할 수 있다는 사실을 너무나 잘 알고 있었기 때문에 그랜트는 거의 매일 시설을 찾아가서 아내 피오나를 기다렸다. 하지만 그녀가 자신을 알아보지 못한다는 사실과, 그녀가 낯선 남자를 돌보는 일에 모든 삶을 집중하고 있다는 사실은 그를 너무나 힘들게 하였다. 그럼에도 불구하고 그랜트는 피오나의 현실 그대로의 모습을 인정하고 수용하기로 결심한다. 하지만 오브리가 시설을 나간 후에 아내의 상태가 급속히 악화되어, 중증 증세를 보이는 치매 환자들이 수용된 2층으로 그녀를 옮길 수 밖에 없다는 사실 앞에서 그랜트는 또 다시 어려운 결심을 한다. 오브리의 집을 찾아가서 부인인 매리앤에게 그동안의 일을 설명하며, 아내를 위해 자신의 남편으로서의 위치를 빼앗아 간 오브리를 아내 곁으로 불러 들이기로 한 것이다.

치매 증세를 보이는 배우자를 전적으로 돌보아야 하는 매리앤과 시설에 위탁했지만 여전히 모든 면에서 아내를 그리워하며 돌봄을 지속하는 그랜트는 함께 대화를 나누며 서로에게 위안을 얻는다. 그리고는 함께 만나 저녁 시간을 보내고, 급기야 육체관계를 갖는다. 이 일에서 노인의 성문제, 그리고 이를 넘어 노인의 외로움이라는 화두에 대하여 시청자들을 고민할 수 밖에 없도록 한다. 그저 윤리적인 일탈이라고 치부할 수 없을 정도로 스트레스를 겪는 배우자 케어기버들을 이해하지 않을 수 없기 때문이다. 인생의 대부분을 함께 했던 배우자가 자신도 제대로 알아보지 못하는 상황에서, 점점 기억을 잃어가며 쇠락해 가는 배우자를 곁에서 바라보며, 그랜트는 말할 수 없는 상실감과 당혹스러움, 그리고 외로움을 경험했고, 이는 매리앤에게도 똑같이 해당되는 일들이다.

그랜트와 매리앤 두 사람은 침대 위에서 함께 팔을 베고 누워 큰 웃음으로 그 일탈을 마무리한다. 그리고는 매리앤은 남편을 시설로 방문케

해달라는 그랜트의 요구를 들어준다. 사랑하는 아내 피오나가 그토록 그리워했던 돌봄의 대상을 데리고 2층 중증환자실로 찾아간 그랜트를 피오나는 "마치 그를 알아보는 것처럼…" 반갑게 맞이한다. 이는 가끔 기억이 온전히 돌아올 때가 있으며, 그 후론 다시 악화되는 것을 반복하며 쇠퇴해 간다는 간호사의 말이 그대로 드러난 장면이다. 아내가 자신을 기억해 내고 있다는 사실에 대한 기쁨과 함께 아내 피오나가 오브리를 기억하지 못한다는 사실 앞에 더 큰 기쁨으로 옅은 미소를 짓는 그랜트의 모습을 뒤로 영화는 끝을 맺음으로써 치매 노인의 케어기빙에 관하여 짙은 여운을 남긴다.

3. 케어기빙(Caregiving)의 기본 원리

1) 개인의 현재 가치를 존중하며 현실을 수용

케어기빙의 가장 중요한 원리는 돌봄을 필요로 하는 사람의 현재 모습을 그대로 수용하는 것이다. 도움을 필요로 하는 현재의 상태에 맞추어 그 필요를 충족시키는 과정에서 치매의 악화를 방지할 수 있고, 치매 노인의 인격과 존엄성을 존중할 수 있기 때문이다. 일상적인 생활을 영위하는 케어기버의 입장에서 치매 노인을 대한다면 치매 노인들은 자신들이 존중받는다는 느낌을 결코 가질 수 없을 것이다. 영화의 마지막 장면에서 도모에가 마사코와 나눈 대화처럼 "어디서 오셨냐?"는 며느리의 말에 "멀리서 왔다"고 대답하는 마사코의 말을 긍정하며 "그럼 하루 유하고 가라"며 유쾌하게 대답하는 도모에에게서 이제는 케어기버의 여유마저 느껴진다.

　치매를 겪지 않는 사람의 입장에서 치매 노인이 심각한 문제가 있는 사람인 것처럼 대하며 몰아붙인다면 치매 노인들은 말할 수 없는 좌절감과 비애를 경험할 것이다. 하지만 치매 노인의 상태에 적합하게 자연스럽게 응대하고, 그 모습 그대로를 인정하고 수용하려고 노력한다면 치매 노인들은 그 상태 그대로에서 자신을 긍정하며, 품위있는 삶을 영위할 수 있을 것이다.

　또한 케어기빙은 도움을 필요로 하는 사람의 현재가치를 존중하는 동시에, 그 사람의 과거와 상관없이 도움을 필요로 하는 현실을 수용할 것을 요구한다. 아무리 과거에 훌륭한 업적을 남기고 존경할 만한 인격과 의지를 갖춘 사람이라 할지라도, 그 사람은 현재 케어기버의 도움을 필요로 하는 것이 현실이다. 그 사실을 케어기버 자신에게 부드럽게 납득시키고, 가족들 또한 그 사실을 받아들이고 필요한 도움을 받는 것이 바람직하다. 그렇게 되면 케어기빙을 제공하는 케어기버의 입장에서도 돌봄의 목적이 명확해지고, 모든 당사자들이 온전한 케어기빙이라는 하나의 목표를 향해 힘을 모을 수 있게 되는 것이다.

　2) 관계정립

　두 편의 영화를 통해 동서양의 차이를 잘 조명해 볼 수 있다. 동양에서는 자녀 세대가 부모에 대한 기본적인 케어기빙을 하는 것을 자연스럽게 생각하며, 케어기빙은 주로 여성이 제공하는 것이 보편화되어 있다. 공동체 의식을 바탕으로 가족이 케어기빙의 최소 단위가 된다. 서양에서는 기본적인 케어기빙을 배우자가 담당하지만 개인의 독립성에 대한 강조로 인하여 시설 입소를 통한 치매 환자의 독립을 요구하며, 가족들 또한 개인의 삶에 더욱 가치를 두며 전문 케어기버들에게 돌봄을 위탁하는 것을 자연스럽게 받아들인다. 그러나 동서양을 막론하고 돌봄을 필요로 하는 사람과 케어기빙을 제공하는 이들의 인격적이며 친밀한 관계의 정립이 가장 중요하다는 사실은 공통적으로 적용된다.

케어기빙은 돌봄을 필요로 하는 당사자와 직계가족, 그리고 케어기빙을 제공하는 케어기버가 팀을 이루어 함께 노력할 때 최적의 효과를 거둘 수 있다. 이를 위해서 케어기빙을 필요로 하는 사람과 그 가족들, 돌봄을 요하는 당사자와 케어기버(가족이 케어기빙을 제공하지 않을 경우), 그리고 당사자의 가족들과 케어기버(시설수용 또는 방문케어기버의 경우)의 관계가 가장 중요하다. 관계의 중심에는 의사소통이 있고, 의사소통은 지속적인 대화로 촉진된다. 그러므로 케어기버와 가족들이 돌봄을 요하는 사람과 친밀한 관계를 정립할 수 있도록 편안하면서도 신뢰를 주는 환경과 기회를 제공하는 것이 중요하다.

이러한 관계의 바탕이 되는 것은 치매와 같은 질병과 그로 인해 나타나는 증상과 상관없는 개인 인격에 대한 존중의 자세이다. 이를 위해 치매 노인들을 장애나 결함이 있는 사람들로 함부로 치부하지 않도록 각종 매체와 교육을 통한 계몽이 필요할 것이다. 누구나 도움을 줄 수 있고, 또한 도움을 받으며 더불어 살아야 하는 사회의 기본 원리가 지속적으로 강조될 때, 치매 노인들은 치매를 겪지 않는 다수자들로부터 수용되고 인정받는 소수자로서의 의미 있는 삶을 영위할 수 있을 것이다.

3) 케어기빙의 신앙적 원리

치매 또는 중증장애를 앓는 노인에 대한 케어기빙에 있어서 우리가 명심해야 할 사항들이 몇 가지 있는데, 가장 우선적으로 고려해야 하는 점은 가족, 친지 등 주변사람들을 포함하여 환자 본인조차도 자신의 존재에 대한 인식을 잃어버린 때에도 하나님은 여전히 그 환자를 기억하시고 사랑하신다는 사실이다(말 1:2; 롬 5:5-11; 요일 3:16). 도움을 필요로 하는 노인환자뿐만 아니라 케어기버들 역시 격려와 지원을 필요로 한다는 사실을 간과해서는 안 된다. 특히 가족들은 케어기빙을 제공하는 과정에서 분노, 두려움, 슬픔, 죄책감, 무기력감, 당혹감, 통제상실감, 양가감정 등을 느낀다(Richards, 2003, 184-186).[4]

10장과 11장에서 자세히 다루겠지만 교회는 중증의 질병과 호스피스, 그리고 죽음과 관련한 이론적인 교육뿐만 아니라 케어기빙에 종사하는 가족과 종사자들에 대한 지원과 섬김의 필요성을 일깨우는 교육 프로그램을 제공하여야 한다.

---

[4] 케어기버로서의 가족들은 질병의 과정에서 고통받는 부모 또는 배우자를 바라보며 질병 자체에 대하여 분노를 느끼며, 과중한 의료비용과 돌봄 제공으로 인한 자신의 미래에 대한 계획을 포기하는 것, 그리고 주위에서 아무런 도움을 받지 못하는 등의 이유로 분노를 경험한다. 또한 자신이 제대로 돌보고 있는지 확신하지 못하며 앞으로 일어날 일에 대한 두려움과 불안을 느끼고, 점점 쇠퇴하는 환자를 보며 슬픔과 아픔을 느낀다. 환자의 질병이 혹시 자신이 제대로 돌보지 못해서 발생하지 않았나 하는 죄책감, 아무리 열심히 돌보아도 상태가 호전되지 않는 데에 대한 무기력감과 당혹감, 그로 인한 통제상실감도 종종 발생한다. 무엇보다도 환자를 사랑하는 반면, 돌봄제공으로 인하여 자신의 삶에 감당해야 하는 신체적, 재정적, 정서적, 영적 희생 때문에 양가감정에 휩싸이기도 한다. 특히 신앙을 가진 케어기버의 경우 그러한 양가감정에 대하여 불필요한 죄책감을 갖게 되는 경우가 많은데, 교회 공동체는 케어기버에 대하여 쉽게 판단하지 않고 요구사항을 들으며 도움을 제공하기에 힘써야 할 것이다.

예배와 관련된 찬송, 교제 등의 오감을 통한 교류경험은 인지능력에 덜 초점을 맞추는 우뇌를 자극하는데(Clayton, 1991), 이를 통해 과거의 신앙 경험을 상기시키고 영적 차원의 의식을 유지하는 데에 기여한다(Richards, 1990). 인지능력의 상실이 곧 영적 교류의 가능성 상실을 의미하는 것은 아니며, 따라서 인지능력을 포함하여 신체적 기능을 잃은 노인 환자가 단순히 신체적 도움만을 필요로 한다고 섣불리 넘겨짚어서도 안 된다. 오히려 인지능력을 상실한 노인이 가족과 공동체에 공헌했던 과거를 기억함을 통해 하나님의 형상으로 창조된 인간의 본질을 마지막 순간까지 존중하는 태도를 견지해야 할 것이다.

4. 인간의 존엄성과 생의 마지막 순간

1) 인간의 존엄성이란 무엇인가?

인간의 존엄성이란 무엇일까?
어떤 상황에서 인간의 존엄성은 유지되는 것일까?
미국의 의료 전문가들은 화장실 가기, 식사하기, 옷 입기, 목욕하기, 머리손질 및 몸 단장하기, 침대에서 일어나기, 의자에서 일어나기, 걷기 등 8가지 일상활동을 통해 신체 독립성을 판단한다. 이외에도 쇼핑, 요리, 가사일, 빨래, 약의 복용, 전화 사용, 외출, 재정 관리 등의 8가지 독립활동을 스스로 수행하지 못하면 독립적으로 안전하게 살 능력이 결여된 것으로 판정한다. 그러나 겉으로 드러나는 신체적 활동만으로 인간의 존엄성을 판단하는 것은 너무나 단순한 기계적인 인간 이해인 것이다. 비록 육체를 입고 살아가는 인간의 삶이지만 인간은 다른 동물들과 구별되는 인간 특유의 이성과 초월적 특성(종교성, 영성)을 보유한다. 이성과 초월성은 함께 작용하여 인간 사회의 도덕과 윤리를 구성하며, 그러므로 인간의 삶이란 단순히 이 세상의 한 구석을 차지하며 살아가는 하나의 개체의 삶으로 축소되거나 폄하되어서는 안 된다.

인도계 미국인으로서 하버드의과대학(Harvard Medical School) 교수인 아툴 가완디(Atul Gawande, 2014)는 그의 저서에서 심장병과 탈장 봉합술, 담낭수술과 관절염 등으로 인해 고통을 겪었던 80대 노인인 노인병 전문의 실버스톤 박사를 소개하였다. 가완디는 정신과 육체가 쇠퇴해 가는 과정 속에서 실버스톤 박사를 지탱해 주었던 것은 그의 삶을 향한 목적의식이었다는 점을 지적하였다. 실버스톤 박사의 삶의 목표는 소탈해서 의학지식과 그의 신체가 허락하는 한도 내에서 삶을 품위있게 유지하는 것이었다. 그러므로 인간의 존엄성이란 신체의 한계를 초월하여 자신의 삶에 있어서 주도권을 쥐고 의미와 목적을 추구하는 인간의 가치인 것이다. 다원화되고 민주화된 사회에서 의사와 간호사, 호스피스 담당자 등의 의료 전문가들은 환자들을 단순히 치료의 대상으로만 바라볼 것이 아니라 질병의 고통 가운데에서도 신체적 한계를 극복하며 삶의 목적과 의미를 추구하는 존엄적 존재로 바라보아야 할 것이다.

인간의 존엄성은 신체와 정신이 건강할 때 뿐만 아니라 심신이 쇠약해지는 과정에서도 동일하게 유지된다. 이러한 기본 원리를 인지하는 것이 매우 중요하다. 이같은 원리는 특히 과거의 기억을 잃고 쇠퇴해져 가는 것처럼 보이고, 무익한 삶을 사는 것처럼 보이는 치매 환자들에 대하여 더욱 중요한 기본 전제가 될 것이다. 아무도 그들이 어떤 생각을 하고 있고, 어떠한 어려움을 겪고 있는지 정확히 이해할 수 없다. 그들의 삶이 무익하게 보이는 것 자체가 편견과 무지의 소산인 것이다. 그러므로 치매 환자들이 자신의 생각과 감정을 표현하는 데에 어려움을 겪고 있음을 고려하여 그들의 현재 상태와 수준에서 대화할 수 있도록 케어기버의 눈높이를 맞춘 돌봄이 필요하다.

사회 전체도 케어기빙에 대한 인식을 새롭게 해야 할 필요가 있다. 인력과 시설을 정비하여 노인 치매 환자로 하여금 시설에 수용되는 것이 수치스러운 것이 아니라 자신의 건강과 존엄성 유지를 위한 재활과 치료를 위한 과정이라는 것을 받아들일 수 있도록 도와야 한다. 또한 그랜트가 간호사에게 조언했던 것처럼, 개인마다 젊음의 시절에 노년을 대비하는 노력을 기울이는 것이 절실히 필요하다. 젊을 때에 노인들을 대할 기회를 많이 갖고, 노년에 대해 공부하며, 노년을 미리 준비하는 것이 노년의 각종 과제들에 대하여 부드럽게 대처할 수 있도록 하는 완충재가 되기 때문이다. 자연스러운 노화의 과정에서 한편으로 기억력이 떨어지고, 신체의 기능이 저하되지만, 다른 한편으로는 경험과 지식을 통해 지혜를 창출해 내는 노년에 대한 인식을 통해 노인들에 대한 존경과 감사의 마음을 잃어버리지 않는 사회 분위기를 형성하는 것이 요구되는 것이다.

따라서 노년에 대한 무지와 이로 인한 편견을 제거하는 방법은 돌봄을 필요로 하는 노인들을 시설에 격리하는 것이 아니라 사회 속에서 소통할 수 있도록 개방적인 체계를 구축하는 것이다. 편의를 위해 시설에 입소할 수도 있지만, 시설 입소 후에도 가족과 이웃과 소통할 수 있는 기회를 지속적으로 제공하는 노력이 필요하다. 예를 들면 마사코의 경우처럼 그림을 그리는 자신의 재능을 발견하여 육성함으로써 새로운 삶의 가치를 인식할 수 있도록 도우며, 가족과 이웃, 그리고 사회 또한 이러한 치매 노인의 재능을 함께 기뻐하며 축하하고 긍정할 수 있는 기회를 마련하는 것이 필요할 것이다. 이러한 노력은 단기적인 것일 수 없다. 장기적인 차원에서 끊임없이 고민하며 수정·개선해 나가야 하는 과정을 필요로 하는 것이다. 어려움을 겪는 노인들을 진심으로 돕고 케어할 수 있도록 인간 존엄성에 대한 기본적인 인식을 제고하는 한편, 실천적인 부분에서 사회 전체가 하나의 안전망이 되어 더불어 살아갈 수 있는 각종 편의를 지속적으로 제공해야 하는 것이다.

2) 질병과 고통, 생의 마지막 순간에서 유지하는 인간의 존엄성

말기 환자들 또는 노인들이 질병의 고통 속에서 가장 힘들어 하는 부분 중의 하나는 삶의 주도권을 빼앗기는 것이다. 시설에 입소한 노인들이 내뱉는 "여긴 집이 아니야"라는 외침 속에는 자신을 수많은 환자들 중의 하나로 치부하여 단순히 비인격적인 치료의 과정 속으로 매몰차게 몰아넣는 의료 인력들로 가득찬 병원과 양로원, 요양원에 대한 불만의 토로가 담겨 있다. 다시 말하면 자신의 존엄성을 존중하지 않는 현실에 대한 날카로운 일침이 담긴 셈이다. 개인이 신체적으로 독립적인 기능을 상실하면 가치있고 자유로운 삶이 불가능하다고 밀어붙이는 구태의연한 의료 인력들의 사고가 인간 존엄성에 치명적인 위해를 가하는 것이며, 이는 젊음은 좋은 것이고 노화는 나쁜 것이며, 삶은 좋은 것이지만 죽음은 바람직하지 않다는 단선적인 견해에 기반한다.

하지만 인간은 그러한 직선적이고 단선적인 사고를 뛰어넘는 영적인 존재요, 초월적 존재라는 사실을 간과해서는 안 된다. 질병은 바람직하지 않은 것이고, 고통은 방지하는 것이 최선이지만, 그 과정 속에서 인간의 존엄성을 유지하도록 하는 힘은 인간이 지닌 이성과 초월성, 그리고 신앙 또는 영성의 조합에 달려 있기 때문이다. 비록 나이가 들어 신체적으로는 쇠퇴해도 다음 세대에 전달할 수 있는 지혜와 지식을 보유한 인간은 충분히 삶의 의미와 목적을 찾을 수 있다. 때로는 존재하는 것 자체가 가족과 친지들에게 큰 위로와 평안을 주기도 한다. 그러므로 급변하는 현대 사회에서 의료 시스템은 한 발 뒤로 물러나서 의료 서비스를 제공하는 근원적인 이유에 대하여 다시 한 번 성찰해야 한다. 단순히 치료 행위가 아니라, 개인의 삶이 의미있고, 가치 있도록 돕는 인간을 존중하는 만남의 실존적 서비스를 제공해야 하는 것이다.

생의 마지막 순간만큼 엄숙한 순간은 없다. 임종을 맞이하는 사람은 자신이 한 번도 경험하지 못한 곳으로 발걸음을 내딛고 있기 때문에 두려움이 임하게 마련이다. 하지만 그러한 마지막 순간에도 후손들에게는 중요한 역할모델이 된다. 일례로 노화로 세상을 떠나는 아버지나 어머니의 곁에 모인 자녀와 손주들은 죽음을 간접적으로 경험하며 인생의 참된 의미와 목적에 대하여 숙고할 수 있는 기회를 얻게 되기 때문이다. 개인의 삶에 있어서 가장 중요한 것은 살아야 할 이유를 발견하는 것이고, 어떤 대의에 가치를 부여하고 그것을 위해 희생할 만한 가치가 있다고 생각할 때에 삶의 의미를 확인하기 때문에 작게는 가족들에게, 더 나아가서는 지역과 사회에 공헌할 수 있는 자신의 가치를 확인하며 마지막 순간을 맞이하는 것은 존엄성을 유지하는 죽음인 것이다.

　죽음이란 우리 사회에서 터부시되는 개념이다. 그러한 모습은 서구 사회에서도 예외가 아닐 것이다. 하지만 단순히 죽음을 다루기를 꺼려 한다면 존엄적 죽음, 즉 인간의 존엄성을 존중하는 생의 마지막 순간을 경험할 기회는 적을 것이다. 이제는 죽음을 대면하며, 죽음 자체를 회피하는 것이 아니라, 오히려 삶을 살아가는 동안에 더욱 삶의 의미와 목적을 발견하고, 그것을 실현하는 데에 초점을 맞추어야 한다. 의료 서비스와 목회 역시 그러한 과업에 중점을 둘 때에 죽음이 아니라 삶이 더욱 빛나게 될 것이다. 10장에서는 신앙과 목회의 관점에서 죽음을 조명함으로써 생의 마지막 순간에 빛나는 삶을 그릴 것이다.

2부
실버목회와 신앙

6장 _ 성경으로 조명한 노년의 가치
7장 _ 실버목회 프로그램
8장 _ 노년의 신앙과 서비스 러닝
9장 _ 간세대 교육과 신앙전수
10장 _ 죽음교육과 신앙
11장 _ 삶과 죽음의 윤리

유대인의 전승에 의하면 솔로몬이 젊었을 때에 지은 책은 남녀간의 사랑을 노래한 아가서이고, 중년에 지은 책은 인생의 교훈을 담은 잠언서, 그리고 노년에 지은 책은 하나님없이 행하는 모든 것이 헛됨을 강조하는 전도서라고 한다. 인생의 경륜이 쌓이면 비로소 하나님을 중심에 두어야 한다는 사실을 깨닫게 되고, 그제서야 자신과 자신을 둘러싼 세계에 대한 시야가 트이는 것이다.

예레미야 31장에서는 이스라엘의 회복과 새 언약에 대한 약속이 주어지며, 그 회복과 구원은 메시아 잔치의 기쁨을 통해 드러난다. 그들이 돌아와서 시온의 높은 곳에서 찬송할 때에 크게 기뻐함이 있을 것이고, 다시는 근심이 없을 것이다(렘 31:12). 그 때에 한 소망 안에서 부르심을 받은 모습으로(엡 4:4) 처녀는 춤추며 즐거워하겠고 청년과 노인은 함께 즐거워할 것이며(렘 31:13), 친히 함께 계셔서 모든 눈물을 그 눈에서 닦아 주시는 하나님의 은혜로 다시는 사망이 없고 애통하는 것이나 곡하는 것이나 아픈 것이 다시 있지 않을 것이다(계 21:3-4). 하나님의 형상으로서의 온전한 모습이 회복되어서 인간의 죄성으로 인하여 약자를 압제하는 모습, 그로 인한 노인층과 젊은이들의 갈등 역시 사라질 것이기 때문이나. 노인들을 대상으로 하는 실버목회 역시 신체의 노화를 초월하여 하나님의 자녀된 모든 이들이 하나님의 품안에서 회복되는 모습을 지향한다.

6장

성경으로 조명한 노년의 가치

아브라함이 하나님으로부터 부르심을 받고 고향인 하란과 친척과 아버지의 집을 떠난 때는 그가 75세였을 때이다. 그는 99세때에 아들 이삭의 약속을 받았고(창 17:1-25), 100세가 되어 아들을 얻었다(창 21:5). 아브라함은 믿음으로 부르심을 받았을 때에 순종하여 갈 바를 알지 못하고 길을 떠났고(히 11:8), 믿음으로 약속의 땅에 거류하여 이삭 및 야곱과 더불어 장막에 거하며 하나님께서 계획하시고 지으실 터가 있는 성을 바랐다(히 11:9-10). 그는 시험을 받을 때에 믿음으로 아들 이삭을 드렸는데(창 22:1-14; 히 11:17), 하나님께서 "이삭에게서 나는 자라야 네 씨라 부를 것임이니라"(창21:12)고 말씀하신 것을 기억하고 하나님께서 능히 이삭을 죽은 자 가운데서 다시 살리실 줄로 믿었기 때문이다(히 11:18-19). 그러한 종말론적 비전, 이 세상에서의 삶을 마감하며 다가올 영원한 하나님의 나라를 향한 소망을 품는 것은 노년이 누리는 특권이다(Gerkin, 1989, 96).

1. 성경적 노년의 분류

구약성경에서 노년과 관련한 구절은 250여 회나 등장한다(이은규, 1994). 특히 구약에 나타난 인간의 수명은 주목할 만한데, 창세기 초기의 원역사 시기에는 므두셀라 969세, 야렛 962세, 노아 905세, 에노스 950세, 아담 930세, 셋 912세, 게난 910세, 마할랄렐 895세 등으로, 역사 초기의 인류는 900세를 전후한 엄청난 장수를 누렸다. 창세기 후기의 족장사 이후에도 아브라함 175세, 야곱 147세, 여호야다 130세, 모세 120세, 요셉 110세, 여호수아 110세 등으로 100수를 훨씬 넘기는 경우가 다반사였다.

그러나 레위기에 나타난 보통 사람들의 수명은 60세에 불과했고(레 27:1-8), 구약성경이 가정하는 일반적인 수명의 한계는 120세였다(창 6:3). 구약의 유대 왕들의 평균수명은 44세에 불과했는데, 나이 많아 죽은 다윗이 70세(삼하 5:4-5), 장수했던 므낫세도 67년을 살았을 뿐이었다(왕하 21:1-18). 다윗은 30세에 왕위에 등극하여(삼하 5:4), 40년간 통치한 후, 70세에 생을 마무리했는데, 이 때 70세는 천수를 누린 아름다운 나이로 기록되었다(대상 29:28). 모세도 사람의 년수는 70이요, 건강하면 80세라고 말하며 인간 수명의 한계를 80세로 언급하였다(시 90:10).

성경의 연령 분류는 유년, 청년, 장년, 노년으로 나뉘는데(렘 51:22), 레위인의 봉사연령은 30-50세였고(민 4:3, 23), 서원의 규례에서 장년기에서 노년기로 바뀌는 시기는 60세였다(레 27:1-8). 구약성경에 의하면 노년이란 하나님께서 인간에게 복을 주시는 통로이므로 노인의 백발은 지혜와 명철의 상징이 되어서 노인은 존경과 영광의 대상이었고, 영적인 스승으로서 존중되어야 마땅했다. 신약성경의 노년에 대한 이해 역시 연장자와 젊은이의 관계에 초점을 두고 노인은 순종과 공경의 대상으로서 노인을 향한 공경과 존경을 통해 젊은층이 복을 받음을 강조하였다.

2. 구약성경의 노인 호칭과 의미

1) 구약성경의 노인 호칭

히브리어 "조켄"(זָקֵן)은 "수염이 희다"는 뜻으로 성경의 도처에서(창 43:27; 48:10; 삼하 19:32; 대하 24:15; 스 3:12; 욥 12:20; 32:9; 시 71:18) 등장하는 표현이다. 이의 명사형 "제쿠님"(זְקֻנִים)은 구약성경에 178회 등장하는, 노인에 대한 일반적인 표현이다. "세바"(שֵׂיבָה)는 문자적으로 "흰 머리"라는 뜻으로서 역시 구약성경의 곳곳(창 15:15; 42:38; 삼상 12:2; 왕상 14:4; 시 71:81)에서 노인을 지칭하는 용어로 사용된다. 예를 들면 "흰 머리"와 함께 노년은 시력, 청력, 미각, 치아의 상실과 함께 기력이 쇠하여 지팡이를 의지하고(슥 8:4), 고독과 소외의 두려움(시 71:9)을 느끼게 된다.

구약성경의 노인은 흰 머리와 수염뿐만 아니라, 삶의 완성과 인간의 쇠약을 통해 묘사된다. 이삭은 죽음에 가까왔을 때 눈이 보이지 않았고(창 27:1), 엘리 제사장(삼상 3:2)과, 선지자 아히야(왕상 14:4)도 동일한 경

힘을 하였다. 다윗도 노년에 육체적으로 쇠약하여 따뜻하지 않았기 때문에, 젊은 처녀인 수넴 여자 아비삭을 가까이 했으며(왕상 1:1-4), 길르앗 사람 바르실래는 노년(80세)에 미각과 청각을 잃어버렸다(삼하 19:31-35). 따라서 구약성경에서 노화를 겪으며 노년이 되어감은 인생의 마지막을 의미하였다. "야시이시"(יָשִׁישׁ)는 "나이 많은 자," "노인"(욥 15:10; 29:8)을 지칭하는 용어였는데, 노인이란 모발 및 수염이 희어지고 기력이 쇠퇴한 세대를 지칭하기도 했지만, 한편으로는 나이들어 존경받을만한, 덕망있는(욥 12:12) 사람의 뜻으로도 사용되었다.

그러나 노인은 단순히 백발이나 흰 수염 때문에 받는 존경이 아니라, 온전한 신앙의 본을 보여온 노년의 세월이 존경을 받는 것이었다. 그러므로 잠언 16장 31절은 "백발은 영화로운 면류관이라, 공의로운 길에서 얻으리라"고 기록하며 노인의 영광은 공의로운 삶에서 얻어진다는 사실을 강조하였다. 한편, 노년에 대한 공경은 하나님의 명령이며, 하나님을 경외하는 것을 배우는 방법이었다. 모세의 율법, 즉 십계명의 제5계명은 "네 부모를 공경하라, 그리하면 너의 하나님 나 여호와가 네게 준 땅에서 네 생명이 길리라"(출 20:12; 신 5:16)고 명령하였고, 이는 신약성경에서도 바울의 가르침을 통해 계승되는 중요한 원리가 되었다(엡 6:1-3). 레위기 19장 32절의 "너는 센 머리(세바, שֵׂיבָה)앞에서 일어나고, 노인의 얼굴을 공경하며, 네 하나님을 경외하라, 나는 여호와니라"는 말씀도 동일한 가르침을 제공한다.

"공경하다"라는 의미의 히브리어는 "카바드"(כָּבֵד)로서 이는 "누구에게 무게를 두다," "누구를 중요한 이로 대하다"는 뜻이다. 고대 근동 사회에서의 부모 공경이란 지속적으로 부모를 봉양하는 것, 즉 노인이 된 부모에게 입을 옷과, 먹을 음식을 제공하는 한편, 사후에도 예를 갖추어 장례를 치르는 것을 포괄하는 개념이다. 즉, 부모에 대한 존경심에 더한, 구체적 돌봄을 의미하는 것이다. 선지자들의 선포에 의하면 이스라엘의 멸망은 노인에 대한 불공경(사 3:5)과 불신으로 인해 약자와 노인을 멸시하는 죄에 기인하는 것이었다(겔 22:7). 다시 말하면 하나님을 떠난 불신앙으로 인해 약자가 된 노인들을 제대로 돌보지 않은 것이 멸망의 근원이었던 것이다. 구약성경에는 부모를 구타하거나(출 21:17), 조롱하는 것(잠 30:17), 착취하거나(잠 28:24), 억압하고 쫓아내는(잠 19:26) 등, 노부모에 대한 부정적인 행동들이 열거되는데, 부모에 대한 죄는 처벌이 가중되었다. 예를 들어 부모를 친 사람(출 21:15)과 부모에게 저주한 사람(레 20:9)은 사람을 쳐죽인 살인자(출 21:12)의 경우와 똑같은 사형 죄로 처벌하였다.

2) 구약성경에 나타난 노년의 의미

구약성경에서 노인이 된다는 것은 기쁨과 축복의 상징이었다(창 15:15; 47:29; 49:33; 출 20:12; 신 4:40; 5:33; 11:21; 22:7; 잠 16:31; 20:29). 장수는 하나님께 부여받은 것으로, 히브리 사회에서 노인은 하나님의 뜻을 전달하는 중보자의 역할을 담당하기 때문이다(창 15:15; 25:8; 레 19:32; 시 91:16; 전 23:22). 안식일의 찬송시인 시편 92편 14절은 "늙어도 결실하며, 진액이 풍족하고, 빛이 청청하여 여호와의 정직하심을 나타내리로다"라며 의로운 자가 누리는 장수와 행복한 운명을 칭송하였다. 또한 노인은 인생의 영적 스승(왕상 2:2; 12:1-20; 시 17:18; 92:14)이며, 지혜와 명철의 상징(출 18:14; 신 32:7; 삼상 8:4; 삼하 5:3; 욥 12:12; 잠 15:5)으로서 존경과 영광의 대상(출 20:12; 신 5:16; 28:50; 레 19:3; 32; 잠 23:22)이었다.

청년의 경솔한 행동과 무경험(왕상 3:2-15; 11:1-8; 12;1-19; 욥 12;12)은 노년의 지혜와 대조되었는데, 지도자로서의 의미를 갖는 "장로"(elder)라는 표현은 히브리어 "조켄"(זָקֵן)에서 유래되었다. 구약성경의 노인은 복의 전수자와 매개자(창 48:9-22; 민 6:27)였는데, 임종 직전에 자손들을 축복하는 것은 노년의 마지막 기능에 해당하였다. 노년은 하나님의 은총의 대상(잠 16:31; 20:29)으로서 노인은 신앙 유산과 신앙 공동체 전통의 전승자(출 18:14; 시 71:17-19)였다.

따라서 모세의 율법은 다음과 같이 권면한다.

> 옛날을 기억하라, 역대의 연대를 생각하라, 네 아버지에게 물으라, 그가 네게 설명할 것이요, 네 어른들에게 물으라, 그들이 네게 말하리로다(신 32:7).

다윗의 솔로몬을 향한 유언 역시 후대에 신앙의 교훈을 전수하였다.

> 내가 이제 세상 모든 사람이 가는 길로 가게 되었노니 너는 힘써 대장부가 되고, 네 하나님 여호와의 명령을 지켜 그 길로 행하여 그 법률과 계명과 율례와 증거를 모세의 율법에 기록된 대로 지키라 그리하면 네가 무엇을 하든지 어디로 가든지 형통할지라(왕상 2:2-3).

3. 신약성경의 노인 호칭과 의미

1) 신약성경의 노인 호칭

신약성경에서 "게론"(γερών)은 "자녀 출산이 불가능한 늙은 사람"(요 3:4)을 의미하는 호칭으로 사용되었고, "게라스"(Γῆρας)는 단순히 "고령자"(눅 1:36)를 뜻하였다. 또한 "프레스뷔테로스"(πρεσβύτερος)는 "늙은 사람," "연장자"(눅 1:18; 딛 2:2; 빌 1:9)를 가리키는 말로 사용되었는데, 따라서 신약성경에서 노인이란 자녀 생산의 능력이 없는 생리적 노령과 연령적 연장자를 지칭하는 단어였다. 신약성경에서 회당(마 21:23; 눅 7:3; 행 25:25) 또는 교회의 지도자(행 15:2; 딤전 5:17; 딛 1:5; 약 5:14)라는 의미를 갖는 장로는 "프레스뷔테로스"에서 유래한 말이다. 반면에 "프레스뷔테로스"는 어떤 지위나 리더십을 나타내지 않고 단순히 나이든 사람을 가리키는데 사용되기도 하였다(행 2:17; 딤전 5:1; 벧전 5:5).

단순히 "고대의," "오래된," "낡은"이라는 의미를 갖는 "팔라이오스"(παλαιός)라는 단어는 죽음을 앞둔 "옛 사람"(롬 6:6), 유혹의 욕심을 따라 썩어져 가는 구습을 따르는 "옛 사람"(엡 4:22), 그리고 거짓말하는 "옛 사람"(골 3:9)을 가리키는 부정적인 용어로 사용되었다. 그러나 다른 한편으로 "팔라이오스"는 나이가 들어 깊은 가르침의 가치와 존경받을만한 기품을 뜻하는 단어로 사용되기도 하였다. 일례로 마태복음 13장 52절의 "옛 것"이란 구약에서 오랫동안 간직한 "옛 진리"를 의미하며, 요한일서 2장 7절의 "옛 계명"도 이를 뜻한다.

2) 신약성경에 나타난 노년의 의미

신약성경에서 노년은 체험적 신앙과 인내로 영적 성숙함에 이르는 시기(고후 4:16)로 나타나며, 따라서 신약성경에 등장하는 노인들은 성숙한 믿음을 표명하였다. 누가복음 1-2장의 세례 요한의 부모인 사가랴와 엘리사벳, 그리고 메시아를 소망하고 기다리던 시므온과 안나는 그러한 믿음의 표상이었다. 과부는 보살핌이 필요한 사회적 약자(딤전 5:1; 7; 약 1:27)로서, 디모데전서 5장 9절에 의하면 과부로 명부에 올릴 자는 나이가 60세 이상이어야 하는데, 나이든 과부들은 신앙 공동체 안에서 선한 사역, 중보기도, 섬김과 구제 사업의 봉사를 위임받았다(딤전 5:5; 9-10). 또한 노인들은 진리의 수호자(엡 6:1-4; 딛 2:4-5; 딤후 3:16)로서 공경의 대상자(롬 13:7; 엡 6:1-3; 딤전 5:17)였다.

> 자녀들아 주 안에서 너희 부모에게 순종하라 이것이 옳으니라 네 아버지와 어머니를 공경하라 이것은 약속이 있는 첫 계명이니 이로써 네가 잘되고 땅에서 장수하리라(엡 6:1-3).

이 구절은 가정에서 노인 부모를 공경할 것을 강조한다. "그러므로 우리가 낙심하지 아니하노니 겉 사람은 후패하나 우리의 속은 날로 새롭도다"(고후 4:16)는 구절을 포함하여 신약성경의 각 부분은 영적인 성숙의 모범으로서(딤전 5:5), 그리고 종말론적인 희망을 소망하는 자(계 14:13)로서 노인들을 제시한다.

4. 성경이 조명한 노인의 삶

1) 모세

모세는 80세라는 노년에 지도자로서 민족을 인도하는 삶을 살도록 부르심을 받았다. 하나님께서는 모세를 부르시기 전에 그가 지도자로서 자질을 갖추도록 섭리하셔서(행 7:22), 노년이 된 모세가 축적된 경험과 지혜를 활용할 수 있도록 준비시키신 후에 기회를 부여하셨다. 혈기가 왕성할 때에 살인을 저질렀던 모세는 80세의 노인이 되어서는 공주의 아들이라 칭함 받기보다는 하나님의 백성과 함께 고난 받기를 잠시 죄악의 낙을 누리는 것보다 더 좋아하는 모습으로 변화되었다(히 11:24-25). 그는 믿음으로 그리스도를 위하여 받는 수모를 애굽의 모든 보화보다 더 큰 재물로 여기는 초월적인 신앙의 본을 보였는데 이는 상 주심을 바라봄 때문이었다(히 11:26).

모세의 믿음이 그리스도를 신뢰하는 믿음이었다는 것은(히 11:26), 믿음 안에서 야곱이 죽어가며 노래하였던 실로(창 49:10)를 고대했다는 의미로서, 중간 시대를 뛰어넘어 메시아 미래를 바라보았다는 것이다. 모세는 하나님께서 온 인류를 심판하실 날이 이를 것이기 때문에 하나님의 의롭고 공정한 심판의 때를 기다리며, 하나님의 백성들이 의로운 사람들로 밝혀질 것을 기대하였던 것이다.

그는 믿음으로 애굽을 떠나 바로 왕의 노함을 무서워하지 않고 유월절과 피 뿌리는 예식을 정하여 신앙의 유산과 전승을 남겼으며, 또한 믿음으로 홍해를 건너도록 이스라엘 백성들을 인도하였다(히 11:27-29).

또한 모세는 여호수아를 후계자로 세워 양육하였고, 120세가 된 고령의 지도자로서 여호수아에게 안수하고 지도자의 자리를 물려주었다(신 34:9). 그는 이후에 그와 같은 지도자가 일어나지 못할 정도로 하나님을 대면하고, 하나님의 큰 권능과 위엄을 행했던 선지자였다(신 34:10-12). 모세는 노년에도 불구하고 눈이 흐리지 않았고, 기력을 유지했으며(신 34:7), 고별설교(신 32장), 축복(신 33장)을 마치고 죽은 후, 이스라엘 백성들이 그를 위해 30일을 애곡(신 34:8)할 정도로 존경받는 삶을 살았다.

2) 사무엘

사무엘은 애통하며 기도하던 여인 한나가 기도하여 얻은 아들로서 그 이름의 뜻이 "하나님께 기도하였다"는 것이다. 사무엘은 그 이름대로 살았던 인물로서, 흰 머리가 나기까지 하나님 앞에서 온전히 충성을 다한 선지자였다(삼상 12:2). 그는 마음 중심이 온전한 모범적인 삶을 살았는데, 일례로 지위를 이용하여 타인의 소유(소, 나귀)를 빼앗거나, 속이거나, 압제하거나, 뇌물을 받지 않았다(삼상 12:1-5). 사무엘은 이스라엘의 왕을 세워 기름을 부었고(삼상 10:1), 백성들과 새로 취임한 왕을 위해 중보하였으며, 그의 일생을 통해 기도를 쉬는 죄를 범하지 않고, 여호와 앞에서 선하고 의로운 길을 이스라엘 백성들에게 가르쳤다(삼상 12:23). 사울의 범죄함으로 하나님께서 그를 왕으로 세우신 것을 후회하시자, 사무엘은 노구의 몸을 이끌고 근심하여 온 밤을 여호와께 부르짖을 정도로 하나님의 마음과 합하여 기도했던 사람이었다(삼상 15:10-11).

따라서 시편 99편 6절의 찬송시는 "그의 제사장들 중에는 모세와 아론이 있고, 그의 이름을 부르는 자들 중에는 사무엘이 있도다 그들이 여호와께 간구하매 응답하셨도다"라며 평생을 하나님 앞에 헌신한 사무엘을 칭송하였다. 모세와 아론은 이스라엘 백성들을 희생으로 섬기며 애굽에서 가나안으로 인도하기 위하여 택함을 받았고, 사무엘은 하나님의 이름을 부르는 사람, 즉 기도하는 사람으로 택함을 받은 것이다. 다음 세대를 위하여, 나라와 민족을 위하여 중보기도를 쉬지않은 사무엘은 노년 신앙의 가치를 여실히 드러내고 있다.

3) 다윗

다윗은 고난과 축복, 그리고 실수와 회개를 통해 인간 삶의 모범을 보였다. 다윗의 탄생부터 편안히 죽음을 맞을 때까지 하나님은 언제나 다윗과 함께 계셨다. 그는 골리앗을 죽이고 블레셋과의 전투에서 승리하여 백성들의 인기를 받기 시작했고, 그로 인해 자신을 죽이려는 장인 사울을 피하여 아둘람 굴에서 곳곳에서 모여든 비류들과 함께 숨어 지내야 했다. 그의 곁에 모여든 4백명도 다윗처럼 환난을 당하고, 빚진자였고, 마음이 원통한 자들이었는데(삼상 22:2), 그 수는 6백 명으로 늘어났다(삼상 27:2).

다윗은 아기스 왕과 그의 백성 앞에서 목숨을 부지하기 위해 대문에 몸을 비비고, 침을 수염에 흘리며 미친 척해야만 했고(삼상 21:10-15), 아내 미갈을 타인에게 빼앗겼으며(삼상 25:44), 아들 압살롬을 피해 맨발로 울며 감람산을 올라야만 했다(삼하 15:30). 그러나 가장 절망적일 때에 하나님은 그분을 향한 우리의 입술에 응답을 주심을 다윗은 고백하였다. 인생 전체가 원수로 변하여 자신을 사망의 음침한 골짜기로 몰고 갈 때에 오히려 하나님은 자신의 삶에 강력히 개입해 주신다는 것을 찬송으로 고백하였던 것이다(시 23:1-6).

다윗은 충신 우리아의 아내 밧세바와 간음을 범하고 우리아를 죽인 사건(삼하 11장), 자신을 높이기 위한 인구의 계수(삼하 24:9)와 같은 치명적인 실수가 있었음에도 불구하고 곧 회개의 자리로 돌아오는 본(시 51편)을 보였다. 자신의 파란만장했던 인생을 돌아보며 다윗은 하나님과의 관계가 삶의 의미를 부여하는 것이라는 것을 깨달았다. 그래서 그는 죽기 전에 아들 솔로몬을 위하여 하나님의 성전을 짓기 위한 준비를 많이 함으로써(대상 22:5) 다음 세대가 하나님과 온전한 관계를 맺도록 하는 기반을 제공하였다. 자신이 모든 것을 다하려고 이 세상에 집착한 것이 아니라 노년에 할 수 있는 일에 집중하여 다음 세대를 일으키도록 준비한 것이다.

또한 다윗은 죽을 날이 임박했을 때 아들 솔로몬에게 다음과 같이 유언을 남기며 하나님 뜻을 후대에 전달하였다.

> 내가 이제 세상 모든 사람이 가는 길로 가게 되었노니 너는 힘써 대장부가 되고 네 하나님 여호와의 명령을 지켜 그 길로 행하여 그 법률과 계명과 율례와 증거를 모세의 율법에 기록된 대로 지키라 그리하면 네가 무엇을 하든지 어디로 가든지 형통할지라(왕상 2:2-3).

4) 시므온

시므온은 예루살렘에 사는 "의롭고 경건"(눅 2:25)한 사람이었다. 의롭다는 것은 사람을 대하는 그의 태도를 말하는 것이고, 경건하다는 것은 하나님을 대하는 태도를 의미한다. 시므온은 하나님 앞에 경건한 사람으로서 하나님의 임재를 경험하는 성령으로 충만한 사람이었기에 사람과의 관계도 의로울 수 있었던 것이다. 그래서 하나님과 동행했던 에녹이 죽음을 경험하지 않고 하늘로 들리움을 받은 것처럼, 시므온은 그리스도를 보기 전에는 죽지 않는다는 성령의 지시를 받는 특별한 은총을 입었다.

모세의 율법에 의하면 남자 아이를 낳은 후 산모는 7일간 부정하여 쉬어야 하며, 아이는 8일째에 할례를 받고, 이후 산모는 33일 동안 부정한 사람과의 접촉을 피하며 몸조리를 해야 했다. 그 기간이 끝나면 성전에서 희생제사를 드리는 정결예식을 행했는데, 그 때에는 예물을 드렸다. 그런데 요셉과 마리아는 가난했기에 양을 드리지 못하고 비둘기를 바치려 했던 것이다(레 12:8). 어느 날 시므온은 성령의 감동으로 성전에 들어갔다가 때마침 아기 예수를 만났다. 그는 매우 연로했지만 "주재여 이제는 말씀하신 대로 종을 평안히 놓아 주시는도다"(눅 2:29)라고 하나님을 찬송했고, "내 눈이 주의 구원을 보았사오니 이는 만민 앞에 예비하신 것이요 이방을 비추는 빛이요 주의 백성 이스라엘의 영광이니이다"(눅 2:30-32)라고 고백했다.

예수님을 보는 것은 구원을 경험하는 것이다. 그러므로 그리스도와 친밀한 교제를 나누며, 맡겨진 사명을 이룬 때가 믿음 안에서 의로운 사람이 평안히 죽음을 맞이할 수 있는 때인 것이요, 바로 그때가 세상의 모든 것을 놓고 주님만 전심으로 붙들 수 있는 때, 천국을 향해 닻을 올리고 돛을 펼치는 때인 것이다. 그러므로 믿음의 사람이 평안하게 세상을 떠날 수 있는 때는 예수 그리스도의 구원을 경험해서 자신의 삶의 중심이 하나님을 향할 때요, 또한 그리스도를 품고 맡겨진 자신의 사명을 나름대로 성실히 다 이루었을 때다.

시므온이 바로 그런 사람이었다. 그는 "내 눈이 주의 구원을 보았사오니"(눅 2:30)라는 고백으로 자신이 평안히 놓임을 얻었다고 고백했다. 시므온은 하나님의 마음으로 바벨론, 바사제국(즉 페르시아), 헬라를 거쳐 로마의 압제를 당하는 이스라엘의 현실을 안타까워 했던 사람이었다. 이스라엘이 하나님 앞에 회개하고 온전케 되어 메시아를 통한 이스라엘의 위로(눅 2:25)를 기다리는 사람으로서 성령이 그 위에 계셨던, 다시 말하면 성령으로 충만한 사람이었던 것이다. 이스라엘의 위로란 국가로서의 이스라엘의 회복을 의미하는 것이며, 오늘날 그리스도인이 신앙을 회복하는 것을 의미한다.

시므온은 요셉과 마리아, 그리고 아기 예수를 축복하며 다음 세대에게 임할 메시아의 인류 구원의 역사를 다음과 같이 선포하였다.

> 보라 이는 이스라엘 중 많은 사람을 패하거나 흥하게 하며 비방을 받는 표적이 되기 위하여 세움을 받았고 또 칼이 네 마음을 찌르듯 하리니 이는 여러 사람의 마음의 생각을 드러내려 함이니라 (눅 2:34-35).

여기서 사용된 칼이란 단어는 단검을 의미하는 헬라어 "마카이라"(μάχαιρα)가 아니라, 마구 자르고 베는 큰 검인 날이 넓은 "롬파이아"(ρομφαία)를 의미한다. 사람들을 큰 검으로 갈라놓는 칼처럼 예수 그리스도는 많은 사람들을 갈라놓는 표적이 되셨다. 예수님은 어떤 사람들에게는 구원의 반석이 되시지만, 다른 어떤 사람들에게는 멸망의 바위가 되는 것이다. 어떤 사람들은 예수님을 주님, 즉 그리스도로 받아들이지 않을 것이며, 구원을 위해 성육하신 예수님을 욕하고 비웃고, 조롱하며 거부할 것이다. 하지만 마음과 생각은 분명하게 드러나게 될 것인데, 예를 들면 바리새인과 서기관들이 품은 하나님과 재물을 겸하여 섬기고자 하는 마음들, 율법의 행위로 자신들을 높이고자 하는 생각들이 모두 드러나게 될 것이다.

결국 믿음을 가진 이들과 그렇지 못한 사람들, 양과 염소, 알곡과 쭉정이들이 모두 가려지게 될 것이라는 의미이다. 노년의 몸으로 이스라엘의 위로되신 메시아를 기다린 시므온은 믿음의 소망을 품은 삶, 의롭고 경건한 삶을 살며, 예수 그리스도의 구원을 선포하는 삶을 살았다(눅 2:21-35).

5) 안나

성령으로 충만한 남성에 이어 성령으로 충만한 여성이 등장하는데, 그들은 두 증인으로서 함께 서 있었다. 신명기 19장 15절에 의하면 두 증인을 통해 비로소 어떤 증언이 신빙성 있는 것으로 효력을 얻기 때문이다. 이 여성은 아셀 지파 바누엘의 딸 안나로 소개되었는데, 바누엘은 헬라식 이름이며, 히브리식으로 발음하면 "브니엘"(בְּנִיאֵל)이다 브니엘은 "하나님의 얼굴"이란 뜻으로서 야곱이 얍복 강가에서 하나님의 사자와 씨름한 후, "내가 하나님과 대면하여 보았으나 내 생명이 보전되었다"(창 32:30)라고 고백하며 그 곳의 이름을 브니엘이라고 지었다. 아버지의 이름인 하나님의 얼굴을 보는 마음으로 안나는 평생 하나님과 친밀한 관계를 맺었다.

안나(Avvα)라는 이름은 히브리어 "한나"(חנה)를 헬라어로 음역한 것인데, "은혜" 또는 "은총"이라는 뜻이다. 안나는 사무엘의 어머니인 구약성경의 한나처럼 기도와 금식에 열심이었고, 성전 중심의 삶을 살았으며, 두 사람 모두 예언의 말씀을 전했다. 성경은 안나를 선지자라고 기록했는데(눅 2:36), 이는 단지 하나님의 말씀을 충실히 전하는 사람을 의미한다. 유대인들의 전통은 안나를 비롯하여 미리암(출 15:20), 드보라(삿 4:4), 이사야의 아내(사 8:3), 훌다(왕하 22:14), 노아댜(느 6:14), 빌립의 네 딸(행 21:9) 등, 일곱 명의 여성들만을 선지자로 인정한다.[1] 선지자는 하나님의 뜻을 선포하는 사람이었기 때문에 "선지자"라는 호칭을 통해 안나가 얼마나 하나님과 친밀한 관계를 맺었는지를 짐작할 수 있다.

그녀는 결혼한 후 7년 만에 남편을 잃었고, 홀로 된지는 7년의 12배인 84년이 지나도록 성전을 떠나지 않고 밤낮으로 금식하고 기도함으로 하나님을 섬겼다. 유대인 여성이 12세에 성인식을 하고, 예수님 당시에 히브리어로 처녀를 의미하는 "알마"(עַלְמָה)와 "베툴라"(בְּתוּלָה)가 10대 초반

---

[1] 이사야의 아내와 노아댜를 제외하고 대신 사라, 한나, 아비가일, 에스더를 넣어 구약성경의 일곱 여선지자로 보기도 한다. 자세한 사항은 Jack, John. "The Seven (?) Prophetesses of the Old Testament." *Lutheran Theological Journal 28*, (1994): 116–121을 참조하라.

의 여성을 지칭하므로 10대 초반에 결혼한 안나가 7년 동안 결혼생활을 하고 약 20세가 되어서 84년 동안이나 성전에 머무르며 기도했다는 사실을 통해 그녀의 나이는 105세 가량이 되었음을 알 수 있다.[2] 안나는 일찍이 남편을 잃은 인생의 슬픔을 경험한 여성이었지만 그 슬픔을 핑계 삼아 하나님을 원망하지 않았다.

84년 동안이나 주야로 금식하며 기도함으로 성전을 섬겼던 안나의 모습은 당시 성전 입구에서 금식하는 티를 내며 자신의 경건함을 나타냈던 바리새인들의 모습과 극명한 대조를 이룬다. 예수님은 금식에 대해 다음과 같이 말씀하셨다.

> 금식할 때에 너희는 외식하는 자들과 같이 슬픈 기색을 보이지 말라
> 그들은 금식하는 것을 사람에게 보이려고 얼굴을 흉하게 하느니라
> 내가 진실로 너희에게 이르노니 그들은 자기 상을 이미 받았느니라
>
> (마 6:16).

경건의 모습에만 관심이 있던 바리새인들은 점점 마음이 강퍅해져서 하나님의 말씀을 업신여겼고, 말씀이 육신이 되어 이 땅에 오신 예수님을 반대했다. 당시 영적 지도자들은 자신들의 안녕과 이익에만 관심을 쏟았지만, 안나는 아기 예수를 보고 나아와서 하나님께 감사하고 예루살렘의 속량을 바라는 모든 사람들에게 예수님에 대하여 선포했던 것

---

2 신학자들에 따라서 안나가 84세가 될때까지 홀로 생활하였고, 매우 연로할 때까지 성전을 떠나지 않고 주야로 금식하고 기도하는 예배 중심의 삶, 기도 중심의 삶을 살았다고(눅 2:36-37) 주장하며, 안나가 아기 예수를 만났을 때의 나이를 84세로 보기도 한다. 안나가 84세의 노인이든, 100세를 넘긴 노인이든 매우 연로하였다는 사실에는 틀림이 없다.

이다. 안나가 말한 예루살렘의 속량은 시므온이 말한 이스라엘의 위로와 같은 것으로서 메시아의 오심을 의미한다. 안나는 축적된 삶의 경험과 지혜를 활용하여 예루살렘의 속량을 바라는 사람들에게 예수 그리스도를 전함을 통해 다음 세대에게 신앙을 가르치고 전수하는 삶을 살았던 것이다(눅 2:38). 그런 의미에서 안나의 노년은 "아멘 주 예수여 오시옵소서"(계 22:20)라는 믿음의 고백을 통해 하나님의 나라를 고대하는 모든 그리스도인들에게 소망과 위로를 준다.

7장

실버목회 프로그램

고령사회에 진입으로 인해 노인들에 대한 실버목회의 중요성이 날로 증대되는 오늘의 교회는 노인층에 대한 이해를 요구하고 있다. 우선은 노인들에 대하여 가지는 편견과 부정적인 통념들을 해소하는 것이 실버목회를 위한 시발점이 된다. 노인들에 대한 편견의 예는 다음과 같다 (Harries and Cole, 1980). 모든 노인들은 다 비슷하고, 건강의 악화와 지능 감소, 그리고 비생산적인 삶의 태도 때문에 배울 수 없으며, 또한 대부분의 노인들은 자녀들과 함께 살기를 원하며, 늙어감에 따라 죽음을 두려워함으로써 더욱 종교적이 됨으로 교회사역에는 유리하다는 것이다. 이러한 편견은 교회가 실버목회 프로그램을 운영하는데 있어서 노인들의 요구수준을 맞추지 못하도록 하는 걸림돌로 작용하며, 그들의 영적인 필요보다는 교회의 편의를 우선시하는 오류를 범하게 하며, 사역의 우선순위에서 노인층을 대상으로 하는 실버목회 프로그램이 뒷 순위로 밀리게 한다.

하지만 편견과는 달리 노인들은 실버목회를 지지할 만한, 다음과 같은 활동성과 진취성을 보유하고 있다(Gallagher, 2002). 노인들은 실버목회 프로그램 자체를 싫어하는 것이 아니라 창의적인 프로그램을 선호하고, 온정과 사랑을 원하고 교회 공동체 내에서 이를 나누기를 원하며, 가치 있는 것에 자신을 희생할 준비가 되어 있다.

또한 노인들은 목회자와 사역자들을 좋아하며, 안정감과 예견성을 추구하며, 권위에 대한 존경심을 기대한다. 노년층은 변화를 받아들이되, 의미있는 목적을 향해 나아가는 단계적 변화를 선호하기 때문에 그 변화가 자신들의 필요를 만족시킬 수 있으리라는 확신과 주도권 부여를 통한 동기부여가 필요하다. 노인들은 이야기를 나누고 감정을 교류하기를 원하며, 자원봉사 활동 등을 통하여 보살핌과 돌봄을 제공하는 것을 좋아한다. 마지막으로 노인은 건강이 허락하는 범위 내에서 적당히 바쁜 삶을 즐기며, 자신이 가진 믿음을 단순한 방법으로 나누며 다음 세대를 사랑하고 품으려 한다.

1. 실버목회 프로그램의 목적

1) 실버사역의 목적

실버목회는 노인들이 하나님의 빛 속에서 그들의 존재를 경험하고 살도록 도움을 제공하고 용기를 통해 영혼을 세우는 사역이다(Faber, 1984, 146). 기독교교육의 관점에서도 노년기는 가장 소중한 추수의 시기로서 그 중요성이 강조된다(추부길, 이옥경, 2005, 92). 또한 노년기야말로 가장 진지하게 인생의 본질과 하나님의 존재에 대하여 사색하는 은총의 시기이며, 고독을 통해서조차 하나님의 현존을 체험하고 위로와 은총을 경험하는 최적의 시기이므로(Deeken, 1982, 51) 실버목회의 중요성은 증대된다. 그러므로 실버사역이 성취하여야 할 목표는 노인 참여자들로 하여금 현대 사회와 문화에 적응하고 지도적 역할을 회복하도록 하고, 노인에 대한 편견을 제거하는 한편 건강과 긍정적 자세를 유지하며, 다양한 취미와 건전한 인생관을 함양하여 아름다운 삶을 영위할 수 있도록 하는 것이다(이승익, 1997, 274). 실버사역 프로그램을 운영하는 교회가 품어야 할 목적은 전도와 복음전파, 경건훈련의 일환, 그리고 노인문제에 대한 국가적 과제 수행 및 지역사회를 위한 봉사 차원까지 확장된다(이승익, 1997, 274-275).

2) 실버목회의 영역

실버목회의 3대 영역은 실버복지, 실버교육, 실버선교로서 각 교회들은 교회의 상황과 재정, 교인들의 구성 등을 고려하여 그 영역들을 어떻게 조합할지 또는 어떠한 영역에 집중할지를 결정하여야 한다. 실버복지의 차원에서 대형교회는 별도의 사회복지 기관을 설립하거나 실버 전문 사역자를 확충하여 복지프로그램을 운영할 수 있다. 그러나 교회의 규모와 상관없이 노인들을 공경하고 돌보겠다는 의지만 있으면 독거노인에게 쌀과 반찬을 제공하는 등, 작은 섬김을 실천할 수 있다. 실버교육의 차원에서도 노인대학, 실버대학, 영광대학, 은빛학교 등 프로그램을 개설하여 노인층의 다양한 요구를 수용, 반영할 수 있다. 실버선교의 측면에서는 실버목회 활동을 통한 노인 대상의 선교를 수행하기도 한다.

3) 실버목회 운영자(교수자)와 참여자(학습자)의 역할

실버목회의 운영자와 참여자는 장기적 관점에서 협력하여 사역하는 것이 효과적이다. 일례로 노년교육에서 교수자와 학습자가 함께 머리를 맞대고 프로그램의 방향과 성격 및 세부사항에 대한 결정을 내리는 것이 유용하다. 지식의 전문성은 운영자 또는 교수자가 우월할 수 있으나 노인들의 경험에 기인한 혜안은 프로그램을 풍성히 하도록 하는 중요한 자산이다. 따라서 운영자 또는 교수자가 노인 참여자(학습자)를 프로그램 실행의 파트너로 여긴다는 인식을 분명히 하는 것이 필요하다. 특히 노인들은 자신의 의견을 피력하는데 주저하거나, 간접적으로 의견을 전개하는 경향이 있으므로 운영자가 노인들과 맺는 초기관계 형성이 매우 중요하다.

4) 동기부여의 기본원칙

실버를 대상으로 하는 프로그램은 노인의 요구, 선행 지식수준, 인생경험, 프로그램에 임하는 태도, 선호하는 프로그램의 성격 또는 진행 방법 등에 의하여 그 운영 방향이 결정된다. 노인들의 실버목회 프로그램 참가를 높이기 위한 기본원칙(Gallagher, 2002)은 다음과 같다.

우선 실제 친교 또는 돌봄의 기회를 제공하는 실제적 프로그램으로

편성하되, 노인들의 다양하면서도 개인별로 차별화된 특별한 욕구 충족에 민감할 수 있도록 지속적인 관심을 기울여야 한다. 프로그램의 세부에 있어서는 노인들이 단계적으로 적응할 수 있도록 본보기를 통해 인도하며, 중간마다 피드백을 통하여 참여 노인들의 영적, 정서적 건강도를 통해 평가하며 탄력적으로 조정하며 운영해야 한다.

또한 노인들의 독립적 욕구를 반영하는 것도 매우 중요한 동기부여의 요인이다. 실버목회 프로그램의 기획 의도는 노인들이 스스로의 삶을 통제·조정하며 이끌어갈 수 있도록 힘을 부여하는 것이다(Trimmer and Styles, 1989, 109). 노화에 따라 노인들의 의존성도 증가하지만, 독립적 삶에 대한 욕구도 증가하기 때문에 교회는 노인들로 하여금 가능한 자신이 부담을 지고 참여하여 문제를 해결하도록 하는 프로그램, 그리고 교회 전체 사역에 공헌하는 프로그램을 제공하는 것이 바람직하다. 노인들은 다른 사람들과 함께 교회에 속하기를 원하는 것이지, 젊은 세대들의 어깨에 부담을 주는 존재가 되기를 원하지 않기 때문이다(Zeiger, 1958).

노인들의 교육목회 프로그램 참가를 높이기 위한 실제적 방법론으로는 다음과 같은 방법들이 있다(추부길, 이옥경, 2005).

우선 이메일과 전화, 문자 등을 통하여 홍보하는 동시에 노인을 향한 돌봄의 기회를 제공하는 것이 기본적인 과업이다.[1] 또한 프로그램 연감

---

[1] 노인세대는 SNS(Social Networking Service)를 잘 사용하지 않는 편이며, 휴대전화의 문자 메시지를 확인하는 것도 어려워하는 노인도 있지만, 노인층에 진입하는 세대들의 교육 수준 향상과 정보화 교육의 확산 등으로 인하여 최근에는 스마트폰의 사용은 물론 카카오톡(Kakao Talk)과 같은 SNS를 사용하는 노인들의 수가 늘어나고 있다. 따라서 SNS를 통한 적극적인 홍보 역시 참여자들의 상황 특성을 고려한 후, 다른 방법과 병행하여 전략적으로 수용하여 활용하여야 한다.

을 제작하여 지속적으로 프로그램을 개선하고, 자체 조직 및 리더를 선출하여 독립적인 운영을 통해 참여도를 제고하며, 가족 초청 프로그램을 진행하여 세대 간 통합의 가교로 삼을 수 있다. 바자회를 개최하여 지역사회와 어울리는 소통과 화합의 장을 마련할 수도 있고, 주제발표 등을 통해 노인 참여자 각자가 인문학적 소양 및 시사상식을 함양하며, 지역 병원, 호스피스 단체, 교도소 등에 방문하여 선교 활동을 펼치는 프로그램들도 의미가 있다. 모임의 활력과 따뜻한 분위기 조성을 위하여 다과를 준비하거나 여행 등의 일정을 포함시키는 것도 좋다.

2. 실버목회 프로그램의 고려사항

1) 자기주도성

노인들은 실버목회 프로그램의 방향과 성격을 스스로 정립하기를 원하며, 그렇게 프로그램의 세부사항을 자신들이 결정할 경우 훨씬 효과적으로 프로그램을 운영할 수 있다. 일례로 교육프로그램의 경우 노인들은 자신들이 직접 학습 목표를 세우고, 자신들에게 효과적인 방법으로 학습받기를 원하므로 학습 목적, 학습 내용(교육 과정), 교수 방법을 선정할 때에 노년 학습자들의 참여를 유도하는 것이 좋다. 프로그램의 참여도나 수준은 개인의 다양한 경험에 따라 달리 나타나는데, 과거에 프로그램을 성공적으로 완수한 사람은 자아개념이 높고 다음 프로그램에서도 스스로 참여 및 수행 방법을 결정하는 편이다. 그러나 그렇지 않은 사람은 인도자(교수자)의 지지와 도움이 절실하므로 참여자들의 경험과 프로그램과 관련한 현재 수준을 고려하여 프로그램을 개설하여 운영하여야 한다.

2) 경험

삶의 년수가 많다는 것은 그만큼 다양한 경험과 지식의 차이를 의미하므로 노인들은 가장 이질적 집단인데, 이질성의 원인은 그들의 다양한 경험에 기인한다. 예를 들면 노년의 학습은 경험에 근거하는데, 아동의 학습은 미래의 유용성에 초점을 두지만, 노년의 학습은 현실의 삶의 유용성을 강조하므로 이미 보유한 지식과 새로이 습득할 지식의 연관성이 중요 동기 요인이 된다. 그러므로 경험이 학습의 촉진 요인이 될 수도 있고, 반대로 때로는 장애 요인이 될 수도 있다. 그러므로 실버목회 프로그램을 개설할 때에는 예비참여자로서 노인들의 다양한 경험을 조사하여 그들의 요구 사항을 반영할 수 있도록 충분한 시간을 두고 준비하여야 한다.

3) 발달 단계

노인들의 다양한 경험이 노년의 상이성의 근원이라면, 발달 단계를 통한 접근은 노년의 동질성에 기반하는 것이다. 따라서 프로그램의 일반적인 성격은 개인의 심리적, 인지적 발달이 아닌, 사회적 차원에서의 발달 과제에 초점을 맞추어야 한다. 예를 들면 신체의 쇠약으로 인한 대처방안, 은퇴 후 자산관리 및 재정 운영, 배우자 상실에 대한 대처 등의 주제는 노인들의 발달 단계에 따라 자연스럽게 맞이하는 도전이므로 이와 관련한 프로그램을 기획하는 것이 유용하다.

4) 문제해결 가능성

프로그램의 내용이 노년층에게 유의미하기 위해서 실질적인 삶에 도움(문제해결)이 되어야 한다. 그러므로 노인들이 선호하는 방법론(교수-학습법)은 스스로 참여하여 직접 관찰 후 생활에서 반복하여 체득하도록 하는 것이다. 노년기는 인생을 돌아보고 정리함으로써 생의 의미를 통합하고 다음 세대와 소통하고 유산을 전수하는 시기이다. 따라서 실버목회 프로그램의 역할은 노인들이 이해가 어려웠던 부분을 이해하고 인생의 의미를 발견하고 활용하도록 도움을 제공하는 것이다.

5) 내적 동기

노인들의 실버목회 프로그램 참여에 대한 내적 동기는 문제해결의 원리와 관련이 있다. 노년의 프로그램 참여 동기 또는 학습 동기는 다른 사람의 기대치 도달이 아닌, 자신의 문제에 대한 해답을 추구하는 데에 있다. 그러므로 노인의 프로그램 참여는 외적인 권고보다 내적인 동기가 훨씬 강력하게 작용한다. 내적 동기는 프로그램의 목표 수립은 물론 달성 과정에도 책임감을 유지하도록 하는 원동력이 된다. 4장에서 살펴본 것처럼 노년의 학습에 있어서 때로는 교육 내용보다 휴식시간의 사교가 유의미하다는 사실, 그리고 양질의 강의와 학습 기자재는 물론, 분위기 좋은 그룹 형성이 중요하다는 사실은 실버목회 프로그램에 있어서도 동일하게 적용된다. 참여 노인들 상호 간의 교류증진과 사랑의 실천을 위하여는 짜임새있는 프로그램의 구성과 더불어 적절한 지원 및 소통의 기회 제공이 필수불가결한 것이다.

3. 실버목회 프로그램의 개발 및 평가

1) 조직의 구성

실버목회 프로그램을 개발하는 데 있어서 가장 선행되어야 할 과업은 프로그램 위원회를 조직하는 것이다. 위원회의 역할은 라인과 스텝 조직 사이에서 각 기능조직 사이의 이견을 조율하는 것이므로(최성훈, 2016a, 188),[2] 위원회 구성원(위원)은 교역자와 프로그램 담당자를 포함하여, 프로그램 참여대상자 가운데 선별하여 선정함으로써 노인들의 참여도를 제고하여야 한다.

---

[2] 라인 조직은 전통적인 조직의 형태로서 의사전달이 상부에서 하부로 직선적으로 전달되는 조직이다. 예를 들면 담임목사-담당 교역자-프로그램 담당자-간사 등의 라인으로 이어지는 조직이 이에 해당한다. 라인 조직은 위계가 뚜렷하고 책임의 한계가 명확하다는 장점이 있지만, 라인 체계로 인하여 전반적으로 능률과 사기가 저하될 가능성도 있다. 스탭 조직은 라인 조직을 보완하기 위한 조직으로서 전문성을 보유한 참모 조직이다. 그러나 스탭은 전문성을 바탕으로 기능적 측면에서만 라인 조직에 대하여 조언할 뿐, 의사결정을 이끌 수 있는 지휘명령권은 없다. 위원회는 라인과 스탭 사이에서 각 기능 부문 사이의 불일치와 부조화의 문제를 해결하기 위한 통합 조직이다. 예를 들면 교육위원회, 정책위원회, 인사위원회, 예산위원회 등의 조직이 민주적인 방법으로 문제를 조정하고 전체 조직을 통합하는 기능을 담당한다.

다음 작업은 참가자 풀(participants pool)에 대한 정보를 수집하는 것인데, 성명, 성별, 연락처 등의 기본적인 신상은 물론, 학습과 관련한 요구사항을 설문지, 인터뷰 등으로 수집하여야 한다. 또한 기존의 프로그램의 효과성(목표 달성의 여부)과 효율성(최소비용으로 최대효과를 이루었는지의 여부)을 점검하여 지속할 프로그램, 개선할 프로그램, 중지할 프로그램을 결정해야 한다. 프로그램의 규모가 크다면 지역사회의 유관기관들이 운영하는 프로그램들을 조사함으로써 지역사회와 연계하여 중복을 지양하고, 협력하여 효율성을 제고하는 것이 지역사회와의 소통과 화합, 그리고 예산절감의 면에서 바람직하다.

공유할 수 있는 비전과 프로그램의 목표를 설정하되, 목표는 명확해야 하며, 목표를 수행하기 위한 과정에 필요한 담당자들을 결정하여야 한다. 또한 보유하고 있는 인적, 물적 자원 현황을 검토하되, 어떤 자원이 어느 정도나 필요한지, 그리고 어디에서 어떻게 필요 자원을 확보할지를 결정해야 한다. 이후에 비로소 프로그램을 개발할 수 있고, 프로그램의 종료 후에는 프로그램을 평가하여 프로그램의 개선방안 및 향후 운영방안을 결정해야 한다.

2) 실버목회 프로그램의 개발

미국 남가주대학교(University of Southern California)의 노년학 교수였던 데이빗 피터슨(David Peterson, 1983)은 실버목회 프로그램을 개발함에 있어서 다음과 같은 사항을 고려할 것을 제시하였다.

우선 프로그램의 정당성과 기대효과를 점검하여 이론적 근거를 마련하는 작업이 선행되어야 한다. 이는 프로그램의 기원이 되며, 조직의 목표와 동기를 수립하는 과정과 함께 진행된다. 프로그램의 수요와 요구사항을 결정한 후, 실행 가능성을 점검하는 사전평가 작업이 뒤따르며, 이는 프로그램의 구성 방법과 준비위원회의 권한을 결정하는 계획 단계로 연결된다. 이후 프로그램을 운영할 조직을 구성하여 인력을 배치하는 행정배치, 수입원천과 비용을 점검하여 기금을 조성하여 자원을 확보하는 작업, 그리고 대상집단, 참가자의 특징과 사회적 지위 등에 대한 정보획득이 진행되면 프로그램을 개발할 수 있는 기초 단계가 마무리된 것이다.

실제적인 프로그램 개발에 있어서는 기간 및 영향을 고려한 전략을 수립하여 프로그램의 내용과 진행 방법 등을 선정하고, 지역사회와의 연계를 고려하여 프로그램의 규모를 결정하여야 한다. 프로그램을 운영할 지역과 장소, 환경, 장거리 이동 참여자를 위한 환경과 기술공학을 점검하며, 프로그램의 효과를 검증하기 위한 기준과 결정의 절차를 통하여 프로그램 전체를 평가함으로써 프로그램을 개선, 발전시킬 수 있다. 이를 통해 프로그램의 성장 목표와 규모를 가늠하여 프로그램의 연속성과 성장 가능성을 타진할 수 있으며, 프로그램의 성과로 나타난 결과물은 출판 또는 전시를 통해 홍보하고, 프로그램에 공헌한 이들에 대한 표창으로 마무리하여 향후 프로그램의 참여도 제고 및 지속성을 확보한다.

3) 실버목회 프로그램의 성공 요소

실버목회 프로그램은 다음의 요소들을 성공의 기반으로 삼는다. 기관의 목표와 사명에 대한 뚜렷한 인식, 주최기관의 강한 연대와 효과적인 의사소통, 그리고 노인 참여자의 지도력 발휘 격려와 자원봉사 인력 활용은 프로그램의 든든한 토대를 형성한다. 다양한 기금 마련 채널 확보와 장기적 관점의 적절한 재정계획 수립은 프로그램을 지속적으로 운영하는 데 있어서 필수적인 부분이다. 새로운 인도자(교수자, 강사), 참여자(학습자)에 대한 개방성은 프로그램의 연속성과 개선을 위한 요소이며, 현 프로그램에 대한 평가와 새로운 프로그램에 대한 필요성 점검이 이를 뒷받침한다. 노인 네트워크에 대한 접근성 및 연대, 그리고 지역사회와의 협력 또한 프로그램의 성공에 공헌하는 요소로서 작용한다.

4) 실버목회 프로그램의 평가

노인들은 자신들의 프로그램 참여 또는 학습에 대한 평가를 피하고 싶어 한다(Goodrow, 1975). 따라서 프로그램 인도자(교수자)와 참여자(학습자)가 함께 프로그램 관련 평가의 목적과 필요성, 평가의 활용도에 대하여 의논하는 것이 바람직하다. 또한 참여자들이 평가가 자신들에 대한 성적을 평가하는 것이 아니라, 프로그램 자체를 통해 자신들에게 도움을 주기 위한 것이라는 것을 인식할 수 있도록 도와야 한다. 따라서 프로그램 운영 전과 후의 비교를 통해 프로그램의 효과를 점검하는 형성적 평가가 유용하며, 이는 노인참여자의 실생활에 대한 도움 정도, 프로그램 인도자의 명확한 전달여부 등을 포함한 종합적 평가가 되어야 한다.

　일례로 실버교육 프로그램 평가의 특징은 학교교육과 달리 주 1~3회, 회당 2~3시간 이내의 단기간에 이루어지는 교육 성과의 평가라는 사실을 토대로 한다. 그러므로 타인과의 비교가 아닌, 실버교육 프로그램의 교육 목표를 준거로 하는 평가이어야 하고, 제3자에 의한 평가보다는 스스로 자신의 성장을 가늠하는 자기평가가 유의미하며, 평가가 참가자들의 자존감을 손상시키지 않도록 평가의 내용, 시행, 방법 등에 대한 세심한 배려를 가미해야 한다. 또한 지적 영역에만 치중하기 보다는, 신체적, 정의적 영역에 중점을 두고 균형있는 프로그램이 되도록 심혈을 기울여야 하며, 집단 단위로 시행하는 집단 평가를 활용하면 개인의 피드백을 통한 평가의 한계를 보완할 수 있다.

　프로그램 평가에 있어서 평가의 주체, 프로그램 자체, 지원조건 등을 고려하여야 한다. 평가의 주체로서는 프로그램의 운영 대상인 노인들이 참여하여야 하며, 제3자인 전문가가 참여할 때에도 기존의 프로그램 참가자들 및 현 프로그램에 참여한 노인들을 초청하여 다양한 의견을 수렴하여 종합적으로 평가하여야 한다. 프로그램 참여자들을 평가 과정에 참여시키는 것은 노인들을 존중한다는 신호를 보내는 것이므로 프로그램에 대한 참여도를 제고하는 수단이 되기도 한다. 프로그램 자체에 대한 평가항목으로는 목표 설정의 타당성, 프로그램 내용의 선정 및 조직, 프로그램 진행 방법(교수-학습법), 그리고 평가 측정의 타당성, 신뢰성, 객관성에 대한 검증이 포함된다. 강사, 시설, 관리, 재정 등의 프로그램 지원조건에 대한 평가도 간과해서는 안 될 부분이며, 참가자에 대한 질문지법, 면참여자 및 참여자 가족, 친지 등에 대한 개별 및 집단 면접법, 프로그램의 현장에서 수행되는 관찰법 등의 다양한 평가 방법을 활용함으로써 프로그램의 양적 성장 및 질적 개선을 꾀할 수 있다.

4. 실버목회 프로그램의 현황 및 사례

1) 현황

한국교회의 실버목회 프로그램은 매우 미약하며, 소극적인 모습을 보이고 있다. 대부분의 교회들의 실버프로그램의 대상은 교회 출석교인 또는 전도 대상이 되는 사람들로 제한되고 있고, 예산상의 제약으로 교회가 운영하는 프로그램들의 우선순위에서도 밀리는 실정이다. 또한 실버목회 프로그램을 담당하는 사역자들의 전문성도 부족하여 노인 관련 문제의 심각성, 시급성을 이해하지 못하거나, 노인들을 이해하지 못하므로 눈높이를 맞추지 못하기 때문에 실버목회 프로그램을 적극적이고 효과적으로 운영하지 못하고 있다(김철영, 2011, 143).

그러나 교회의 실버목회 프로그램은 하나님의 형상으로 창조된 사람에 대한 기본적인 존중(창 1:26-27)은 물론, 과부, 고아 등과 함께 율법이 규정하는 사회적 약자 보호의 대상자로서 하나님의 관심과 돌봄의 대상(신 10:18; 14:29; 16:11; 24:17; 19-21; 26:12-13; 27:19)이 되는 노인들을 위한 프로그램으로서 중요한 의미를 지닌다. 또한 실버목회 프로그램은 노인문제의 해결뿐만 아니라 노인문제가 사회전체의 문제로 확대되기 이전에 예방하는 차원에서도 의의를 가지고 있다.

2) 실버목회 프로그램의 사례

(1) 분당 예수소망교회 샬롬 커뮤니티

예수소망교회(http://www.jesushope.or.kr)는 서울 소망교회의 곽선희 목사의 아들 곽요셉 목사가 담임하는 교회이며, 샬롬 커뮤니티는 65세 이상 노인들의 모임으로서 신앙생활, 건강과 복지, 친교행사 및 변화하는 세상에 대한 이해를 돕는 공동체이다. 매년 상반기와 하반기에 정기모임을 갖는데, 2016년 하반기에는 매주 금요일에 14주 과정의 특별세미나를 운영하였다. 특별세미나의 주제는 이사야의 칭의론, 소통과 공감의 씨니어 라이프, 이탈리아 도시기행, 씨니어를 위한 패션강좌, 단순한 복음과 교회, 천문학, 신학, 그리고 하나님의 은혜, TV특강(21세기에 다시 보는 한국 근현대사[광복, 분단, 대한민국], 성도가 품어야 할 참 소망) 등으로 신앙과 시사, 그리고 노인들의 관심사를 다양하게 반영하였다.

이와는 별도로 2016년 가을, "내 삶의 색깔내기"라는 주제의 14주 과정으로 매주 수요일에 예수소망 인생대학을 개설하여 운영하였다. 이는 고전의 독서를 통하여 삶의 통찰력을 제고하기 위한 프로그램으로 에릭 프롬, 어거스틴, 마틴 루터, 죄렌 키에르케고르, 블레이즈 파스칼, 막스 베버, 라인홀드 니버, 공자, 장자 등의 신학자와 철학자들을 다루는 비교적 수준 높은 프로그램이다.

예수소망교회의 샬롬 공동체는 분당 지역에서 가장 활성화되고 있는 성공적 실버목회 프로그램으로 자리매김하고 있는데, 이는 신도시 계획에 따라 개발된 도시로서 경제적으로 여유있는 서울 강남권의 인구가 이동하여 자리잡았기 때문이다(김철영, 2011, 165-168). 분당은 성남의 다른 구들에 비하여 노인인구는 많지만 경제적으로 어려운 경우는 적은 편이다. 분당 거주 주민들이 대체적으로 중상층에 속하며 상대적으로 지적 수준이 높기 때문에 다양한 실버목회 프로그램을 운영하기에 용이하며, 지역 사회의 교통, 통신, 문화 등의 기반 시설들이 잘 갖춰진 것도 프로그램의 확장성에 유리한 점이다.

(2) 남서울은혜교회 샬롬부

서울 강남구에 소재하는 남서울은혜교회(http://www.nsgrace.org)는 65세 이상 성도들을 대상으로 샬롬부를 운영하고 있다. 샬롬부는 영혼구원과 친교, 배움, 그리고 봉사와 헌신을 사역 목적으로 하며, 65세 이상 여성 성도로 구성된 믿음목장, 65세 이상 남성 성도로 구성된 갈렙목장, 그리고 남녀성도를 합쳐서 75세 이상 성도로 구분한 사랑목장으로 구성된다. 기본적으로는 학기별 목장교재로 성경공부를 운영하며, 믿음목장은 교회의 행사지원, 샬롬부의 예배봉사 및 심방, 갈렙목장은 교회의 미취학아동 부서인 예수마당의 지원 및 샬롬부의 친교와 전도를 담당한다. 매월 1회 외부 강사를 초청하여 특강을 운영하며, 차 섬김, 가정의 달 어르신 선물 배포, 수련회, 미용봉사 등의 특별프로그램과 복음성가와 동요부르기, 찬양대, 수지침, 실버에어로빅, 성경통독반 등의 동아리 활동을 운영한다.

남서울은혜교회가 소재한 강남구 일원동은 경제적으로 여유가 있는 노인들이 거주하는 곳으로서 노인복지관, 경로당, 노인교실 및 휴양소 등의 여가복지시설, 양로시설 및 노인복지주택 등의 주거복지시설, 그리고 종합병원인 삼성의료원을 비롯하여 노인요양시설, 노인전문병원 등의 의료복지시설이 골고루 분포하고 있다. 남서울은혜교회의 노인들이 가장 관심을 가진 주제는 신앙, 건강, 친교의 순이며(김철영, 2011, 231), 이에 따라 신앙관련 특별세미나를 운영하는 한편, 건강과 친교를 위한 다양한 프로그램들을 운영하고 있다.

신앙과 관련된 세미나의 주제는 노인의 신앙생활, 영성, 용서, 선교간증 등이며, 건강에 대하여는 우울증, 불면증의 대책, 성인병 예방과 치유, 건강식탁, 암의 예방과 대책, 노년기의 건강관리, 실버의 내적 적응, 수지침 등의 강좌를 운영하고 있다. 친교를 위하여는 영화감상, 수련회, 효도관광, 레크레이션, 실버의 생활체조, 미술치료, 종이접기 등의 프로그램을 운영한다. 특히 미술, 서예, 주말농장, 산행, 산악 자전거 타기, 테니스, 축구, 탁구, 색소폰, 트럼펫, 클래식 기타, 하프 강좌 등의 주말부 문화 프로그램을 제공하여 세대 전체가 어울릴 수 있도록 장을 제공하는 점은 남서울은혜교회의 강점이다.

(3) 녹양교회 은빛대학

경기도 의정부에 소재하는 녹양교회(http://www.nych.or.kr)는 노인복지 차원에서 다양한 실버목회 프로그램을 운영하고 있다. 특히 녹양은빛대학은 노인들로 하여금 노년의 고독과 소외감을 극복하고 긍정적인 믿음을 가지고 살아가도록 돕기 위해 믿음, 소망, 사랑이라는 교훈으로 1986년 3월에 개교하여 운영하는 실버스쿨이다. 종교와 관계없이 지역사회에 거주하는 65세 이상의 기본적인 활동이 가능한 남녀 노인 모두가 입학할 수 있으며, 여름방학, 겨울방학을 제외하고 1년 4학기제로 운영한다. 수업은 오전 10시 30분부터 오후 2시까지 매주 목요일에만 진행하는데, 수업료는 전액 무료이고 점심식사를 제공하며, 의정부 전 지역에서 셔틀버스를 무료로 운행한다. 수업 내용은 건강검진 및 체조, 역사와 사회교육, 시사, 보건, 교양 등의 특강, 위문공연, 야외소풍, 생일축하잔치 등으로 구성되며, 2학년을 마치면 계속반에서 평생교육의 과정을 지속할 수 있다.

 이외에도 녹양교회는 지역어르신 초청잔치, 독거노인 방문, 밑반찬 지원 및 사랑의 쌀과 김장 나눔 등의 사회복지 활동을 통해 지역 노인들을 섬기고 있다. 매년 추수감사절에 나누는 사랑의 과일바구니, 성탄절에 지역사회에서 경제적 어려움을 겪는 이웃들과 나누는 사랑의 케잌 나누기, 년말에 지역사회 빈곤층을 돕는 복지선교기금 마련을 위한 알뜰시장의 운영 등 절기에 맞추어 지역사회에 공헌하는 지역교회의 모범을 보이고 있다.

 2003년 8월에 경기도 의정부시 지부로 개소한 사랑의 지팡이 운동은 노인 및 모인 가족, 자원봉사자를 지원하는 프로그램이다. 이외에도 은빛사랑채를 통해 경증의 치매를 앓는 노인들 20명에 대한 평일 오전 9시부터 저녁 6시까지 돌봄을 제공하는 복지서비스를 제공한다. 은빛사랑채는 거실 및 일상동작훈련실, 식당, 욕실, 물리치료실 등의 시설을 보유하고 있고, 셔틀버스를 운영하되 송영서비스를 제공한다. 오전에는 기초건강 점검 및 미술치료, 원예치료, 작업치료, 인지훈련 등의 프로그램을 운영하며, 개별배식하는 영양식사의 제공 이후, 오후에는 휴식 및 재활치료, 노래, 극놀이, 레크레이션, 요리 및 각종 여가 프로그램들을 운영한다.

8장

노년의 신앙과 서비스 러닝

　레브 톨스토이(Lev Nikolayevich Tolstoy, 1828-1910)는 명목상의 러시아 정교회 교인으로서 2세 때 어머니를 잃고, 9세 때 아버지마저 사망해서 숙모의 손에서 성장하였다. 귀족 가문 출신인 그는 상류 사교계 생활 후 대학을 중퇴하고, 농노들에게 온정적인 영주로서 개혁을 시도했으나 농민들의 차가운 반응과 불신으로 인하여 실패하고 다시 도시로 나오게 되었다. 도박과 사교계의 방탕한 생활 속에서 신앙과 이성 사이에 고민하던 그는 1869년 『전쟁과 평화』, 1875년에서 1877년까지는 『안나 카레리나』를 연속물로 출간하였다. 1879년 어느 가을 날, 51세의 위대한 작가 톨스토이는 자신이 인생에 있어서 이룬 것이 아무것도 없는 무의미한 삶을 살았음을 깨닫고 회심하여 54세가 된 1882년에 『참회록』을 출간하였다.

　톨스토이는 『참회록』에서 동방 우화를 통해 자신의 인생을 관조하였는데, 자신을 어느 광야에서 광포한 맹수에게 쫓기는 나그네로 비유하였다. 맹수를 피하려고 물이 없는 마른 우물 웅덩이 밑으로 뛰어들게 되었는데, 그 웅덩이 속에서는 용이 한 마리 자리잡고 앉아서 나그네를 먹잇감으로 기다리고 있었다. 나그네는 웅덩이로 굴러떨어지다가 가까스로 우물 중턱에 있는 나뭇가지를 잡을 수 있었다. 그는 양손으로 가지를 붙잡고 겨우 버티고 있었는데, 급기야 손목의 힘이 점점 빠지기 시작하였다. 위에서는 맹수가 으르렁거리고 있고, 아래에서는 용이 입을 떡 벌리고 그를 기다리는 지경인 것이다. 그 와중에 어디에선가 검은 쥐와 흰 쥐가 나타나 번갈아가며 자기가 붙잡고 있는 나뭇가지를 쏠아대기 시작하였다. 이 상황에서 나그네는 죽음이 엄습함을 본능적으로 느낄 수밖에 없었다. 그런데 그 나뭇가지 끝에서 꿀이 두 방울 떨어지자 이 나그네는 혀 끝으로 그 꿀을 핥아 먹으며 잠시나마 자신의 처지를 잊어버렸다.

 톨스토이는 하나님 품을 떠나 인생의 의미를 발견하지 못하고 헛된 순간의 쾌락을 쫓던 자신의 처지를 이 우화의 주인공인 나그네와 같다고 고백했다. 맹수에게 쫓기는 것은 삶의 의미를 발견하지 못하고 죽음으로 치닫는 인생을 의미한다는 것이다. 그래서 피하려고 하니 딱 버티고 있는 용은 바로 죽음 그 자체라서, 이제는 죽을 수밖에 없는데 그래도 살고 싶은 것이 인간의 마음인지라 나뭇가지를 붙들고 버티는 어디로부터인가 나타나서 자신이 붙들고 있는 나뭇가지를 갉아대는 검은 쥐와 흰 쥐는 밤과 낮을 상징한다. 밤낮으로 인생은 죽음을 향해 달려간다는 뜻인 것이다.

 죽음을 눈앞에 둔 그 시점에서 나그네된 자신은 꿀을 핥아 먹으며, 잠시나마 목전에 있는 죽음의 위협을 잊었다. 톨스토이는 꿀 한 방울은 자신의 작품을 향한 사랑이요, 다른 한 방울은 가족을 향한 사랑이라고 고백했다. 하지만 작품도 자신을 영원한 삶으로 인도해 주지 못하고, 가족도 자신의 삶을 책임져주지 못함을 고백하며 하나님께 귀의한 것이다. 노년은 이처럼 인생을 돌아보며 삶의 의미를 관조하도록 함으로써 깊은 신앙의 단계로 사람을 인도하며, 그 깨달음의 신앙은 하나님을 만나고 그 만남이 이웃을 향한 섬김의 사랑으로 이어지도록 한다.

1. 노년의 섬김과 나눔

신앙과 봉사에 대하여 믿음이 있어야 봉사할 수 있다는 견해와 봉사하면 믿음이 성숙해진다는 견해가 대립한다. 믿음이 우선이라는 주장은 연역적 방법(deductive method)을 강조한 것으로서 차근차근 하나님의 말씀인 성경의 진리를 인식하다보면 자연스럽게 섬김의 자리로 나아갈 수 있다는 것이다. 하나님의 은혜를 체험하지 않으면 자신을 드러내는 왜곡된 섬김으로 변질될 수 있다는 측면을 경계할 수 있는 주장으로서 일면 타당하다. 반대로 봉사를 우선시하는 주장은 귀납적 방법(inductive method)으로서 사변적인 지식을 쌓는 것보다 "백문이 불여일견"(百聞而 不如一見)이므로 아직 성경적 지식이 일천하고 신앙이 성숙한 수준에 이르지 못했더라도 사랑으로 섬기는 경험을 통해 믿음이 성장할 수 있다는 의미로서, 이 역시 일리가 있는 주장인 것이다.

따라서 신앙과 봉사를 이분법적으로 나누기 보다는 통합적인 관점에서 조명하여 말씀의 진리를 채우는 한편, 이를 토대로 섬기는 활동과 병행하여 균형있는 믿음의 성장과 성숙을 추구하는 것이 바람직할 것이다.

교육심리학자 벤자민 블룸(Benjamin S. Bloom, 1956)은 교육 목표를 인지적 영역, 정의적 영역, 그리고 심리운동적 영역으로 나누고, 각 분야마다 학습의 위계를 지적 활동이 낮은 수준으로부터 높은 수준에 이르는 과정으로 분류하여 소개하였다. 이를 "블룸의 분류학"(Bloom's Taxonomy)이라고 하는데, 블룸은 특히 인지적 영역에서의 위계는 지식(knowledge), 이해(comprehension), 적용(application), 분석(analysis), 종합(synthesis), 평가(evaluation)의 6단계로 고양되는 것으로 설명하였다(Bloom, 1956). 학자들은 그의 분류학을 수정하였는데, 명사로 된 분류를 동사로 바꾸어 표현함으로써 사고력의 역동성을 강조하는 한편, 5, 6단계를 변경하여 기억하기(remembering), 이해하기(understanding), 적용하기(applying), 분석하기(analyzing), 평가하기(evaluating), 창조하기(creating)의 단계로 소개하였다(Anderson et al, 2001).

노년의 섬김과 나눔의 경험은 신앙의 본질을 기억하고 이해하는 한편, 삶 가운데에서 적용하도록 하는 가교가 되며, 성경의 가르침을 봉사활동과 연계하여 적용함을 통해 자신의 인생을 분석하고 평가함으로써 신앙의 다음 단계로 나아가도록 하는 창조적인 과업을 이루는 자산이 된다. 경험이 수동적이고 객관적인 측면을 강조한다면 노년의 신앙은 자신이 직접 선택하여 참여하는 능동적이고 주관적인 체험의 과정을 통해 성장하고 성숙하게 되는데, 노년의 봉사는 그러한 체험을 통한 배움과 성장(learning by doing), 그리고 성숙한 신앙을 함양하도록 한다(Dewey, 1938).

2. 노년의 신앙발달

제임스 파울러(James Fowler, 1981)는 인지심리학의 발달 단계론에 영향을 받아 신앙도 발달 단계를 거친다는 신앙발달론을 제시하였다. 그는 신앙을 "정체성, 공동체, 의미를 향한 인간의 일반적인, 또는 우주적인 노력의 모습"이라고 정의하였다(Fowler, 1981, 180). 파울러는 신학적 관점에 있어서는 폴 틸리히(Paul Tillich)와 리처드 니버(Richard Niebuhr)의 영향을 받았는데, 니버의 창조주 하나님, 통치자 하나님, 구속주 하나님으로 이어지는 하나님 이해의 과정을 수용하여 하나님 개념을 개인의 종교의식에서 발달되는 개념으로 이해하였고, 틸리히가 신앙을 인간의 "궁극적 관심"(ultimate concern)이라고 정의한 내용을 받아들여서 삶의 목적과 의미, 방향을 제시하는 가장 중요한 것으로 제시하였다. 파울러의 신앙발달론은 인지심리학자인 에릭 에릭슨(Erik Erikson), 쟝 삐아제(Jean Piaget), 로렌스 콜버그(Lawrence Kohlberg) 등의 인지발달에 따른 단계를 기본 구조로 삼아 신앙발달론의 단계별 개념을 발전시켰다.

파울러의 신앙발달론은 6단계로 구성되어 있는데, 신앙의 각 단계별로 연령의 발달과 연계되는 모습을 보인다(Fowler, 1981).

(1) 1단계: "직관-투사"(Intuitive-Projective) 신앙
어린아이들이 보이는 신앙의 행태가 주로 이에 해당한다. 이 시기의 아동은 양육자를 모델로 삼아 양육자로부터 투사된 신앙을 갖는데, 성인 양육자가 보여주는 신앙의 양태를 직관적으로 습득하며, 따라서 이 시기의 신앙 전수에는 기독교적 상징, 그림, 동화를 활용하는 것이 효과적이다.

(2) 2단계: "신비-문자"(Mythical-Literal) 신앙

7-11세의 학령기 아동에게 해당한다. 이 단계의 아동은 전 단계의 상상을 통한 신앙을 유지하며, 동시에 신앙의 신비를 점차 문자를 통해 습득하기 시작한다. 그러므로 이 시기의 신앙 형성에는 성경 이야기, 기독교 도서, 미디어를 활용하는 것이 효과적이다.

(3) 3단계: "합성-관례"(Synthetic-Conventional) 신앙

주로 12-18세에 해당하는 청소년들이 3단계의 신앙을 보인다. 청소년들은 자신이 신뢰할 만한 인물이나 그룹에 대한 충성도가 높기 때문에, 이 시기에는 역할모델이 되는 교사나 또래집단의 역할이 중요하다. 3단계 신앙에서는 전통과 관습에 의한 신앙을 추구하는 과정에서 회개의 경험이 발생하며, 따라서 이 시기의 신앙은 교리나 신조에 의존하는 입교 단계를 거친다.

(4) 4단계: "개별화-성찰"(Individuative-Reflective) 신앙

18-30세에 이르는 청년기 신앙이 주로 이에 해당한다. 4단계는 그동안 습득한 기독교의 상징, 관습 등에 대한 비판적 성찰이 이루어지는 시기로서, 종교적 권위주의와 제도화된 해악을 비판하는 자율적 신앙을 형성하는 단계이다. 그러므로 이 단계에서는 전 단계의 신앙가치와 진리기준이 재정립되기 때문에 다양한 경험을 하는 것과 개인 및 공동체와의 만남이 중요한 역할을 한다.

(5) 5단계: "통합"(Conjunctive) 신앙

대개 30세 이후 장년기의 신앙 단계가 이에 해당한다. 이 단계에 이르면 기독교 전통, 관습, 신학에 대한 변증법적 이해를 통해 자신의 신앙과 다른 양태의 신앙과도 조화를 이룰 수 있게 된다. 파울러가 후기에 보통 사람들의 궁극적 목표로 제시한 신앙발달의 단계는, 신앙발달의 마지막 단계인 6단계가 아닌, 5단계이다.

(6) 6단계: 우주적(Universal) 신앙

신앙의 마지막 단계이다. 이는 주로 노년기에 나타나는 신앙의 단계로서 테레사 수녀(Mother Teresa)나 마하트마 간디(Mahatma Ghandi)처럼 인류 전체를 수용하는 신앙의 모습을 보이는 것이 특징이다.

파울러에 대한 비판들도 많이 제기되고 있는 바,

첫째, 그의 신앙에 대한 정의 자체가 기독교 신앙이라기보다는 철학적인 사변적 정의라는 것이다. 따라서 하나님의 초월성과 그리스도의 구속이 생략되었다는 점이 지적되었다.

둘째, 신앙발달의 단계가 예증일 뿐이지 실제적이지 못하며, 그 내용에 있어서 신학적, 성경적 의미를 반영하는 단계가 못 된다는 단계 자체의 문제도 제시되었다.

셋째, 신앙의 구조만 설명하고, 각 단계별 신앙의 내용을 구체적으로 설명하지 못한다는 지적을 받았다.

넷째, 1-5단계는 연구 자료를 통해 전개가 되다가 6단계는 갑자기 모델이 되는 인물을 통해 제시한다는 부분이 비판을 받았다.

다섯째, 남성 위주의 관점으로 연구가 진행되었다는 점이 비판을 받았다. 파울러에게 영향을 끼쳤던 도덕발달론을 제시한 로렌스 콜버그(Lawrence Kohlberg)의 경우와 같이, 여성의 신앙을 반영하는 신앙의 관계적인 부분이 생략되었으며, 인터뷰 대상이 주로 성인 백인이라 유색인종과 노인층이 제외된 것도 연구의 문제점으로 지적되었다.[1]

그럼에도 불구하고 파울러의 연구는 신앙의 발달에 따른 특징을 잘 묘사하였고, 특히 노년의 성숙한 신앙을 설명하는 기반을 제공하였다는 데에서 의의를 찾을 수 있다. 질적인 개념인 신앙이라는 것은 양적인 개념인 성장으로 조명하기 어려우며 때로는 급진적인 도약과 역동성을 포함하지만 신앙의 의미를 바탕으로 신앙발달을 분석한 그의 시도는 인간 발달의 측면에서 신앙을 조직적인 방법으로 다루었다는 점에서 지대한 공헌을 한 것이다.

노인목회는 영적 발달, 지속교육, 섬길 기회와 섬김을 받을 기회, 그리고 공동체 형성의 다섯 가지 영역으로 나눌 수 있는데, 노년의 영적 성숙이란 이 모든 것이 융합된 것으로서 노인들이 자신의 필요와 두려움, 한계를 넘어서 서로 도움을 주고 받으며, 서로를 통해 배우는 신앙공동체를 형성할 때에 발견하는 하나님과의 친밀함이다(Koepke, 2005, 50). 노화 과정은 자신의 존재를 향한 깊은 인식과 개인적인 인생 이야기들의 연결을 통해 삶의 의미에 대한 관조, 사색, 묵상을 통해 전환학습과 영적 도약의 기회를 제공한다(Mattes, 2005, 58-59). 따라서 봉사활동을 통해 신앙발달의 기회를 제공하는 서비스 러닝은 노년의 신앙에 있

---

[1] 그의 연구는 359명의 백인들만을 대상으로 수행되었고, 그 가운데 61세 이상의 연구대상자는 62명으로서 17.3%에 불과하였다는 점이 지적된다.

어서 중요한 도구로서 기능할 수 있다.

3. 서비스 러닝의 개념과 특징

1) 서비스 러닝(Service-Learning)이란?

교육학자 존 듀이(John Dewey, 1938)는 공립교육은 학습자 개인의 흥미를 고무하는 장(field)인 지역사회와 연계되어야 한다고 주장했다. 1990년대 미국의 여러 대학교에서 교수 과정과 젊은 학생들의 세계관의 연결을 시도하여 서비스 러닝을 도입하였다. 서비스 러닝이란 참가자들의 학습과 발달을 촉진하기 위하여 고안한 구조적인 학습기회이자 경험적 교육의 형태로서 인간 공동체의 필요를 채우는 활동을 통해 학습이 전개된다(Jacoby 1996, 5). 기본적으로 공동체를 위한 봉사활동의 형태로 나타나는 서비스 러닝은 참가자들의 봉사참여를 통해 생생한 지식과 기술을 함양시킴으로써 학습 경험과 평생학습을 풍성하게 하는 교수-학습법이다(Schöenfeld 2004, 1).

또한 서비스 러닝은 전략적 교수법으로서(Butin, 2010) 행동에 의한 학습(Learning by doing)과 경험에 의한 학습(Learning through experience)을 강조한다. 이는 참가자의 평생교육을 가능케 하는 의미있는 경험을 제공하는 교수법(Schöenfeld, 2010)으로서 교육학, 경영학, 심리학, 사회복지학, 간호학 등 다양한 학문영역에서 강조되었다. 한편으로 서비스 러닝에 대한 정의가 많지만 유용한 정의가 부족함을 지적하기도 하고(Sheffield, 2005), 다른 한편으로는 어떤 프로그램이라도 참여자의 체험활동을 통해 학문적인 이론과 연계된다면 서비스 러닝에 속한다고 단순하게 정의하기도 한다(Eyler and Giles 1999, 5). 학문적인 지식이 아닐지라도 성경적 지식이 봉사활동과 연계되어 학습의 기회를 제공한다면 그것은 서비스 러닝이며, 신앙 공동체에 대한 봉사활동과 그러한 활동으로 인한 배움 사이에서 균형을 유지하는 것이 중요하다(Choi, 2013, 6-7).

2) 서비스 러닝의 특징 및 기대효과

서비스 러닝은 봉사활동이 학문적 내용(교과 내용)을 반영하는 것이므로 단순한 봉사활동과는 구분이 된다. 따라서 서비스 러닝은 수업과 지역사회를 통합적으로 연계하는 프로그램으로 학문적 이론에서 시작하여 준비(preparation), 실행(action), 그리고 반성(reflection)의 과정을 통해 진행된다. 특정 학문의 이론을 바탕으로 봉사활동을 준비하고, 이를 실행한 이후에 해당 학문에 대한 깊이 있는 반성과 이해의 과정을 통해 이론과 실제를 통합하는 것이므로 반성의 과정이 가장 중시된다. 서비스 러닝의 참가자는 자신의 지적 능력(문제해결능력) 향상과 의사소통기술 증대를 기대할 수 있다.

또한 봉사활동의 기획과 수행을 통해 윤리적 가치판단능력을 함양하고, 시민의식과 책임감을 형성할 수 있으며, 사회에 대한 이해와 함께 미래 직업에 대한 안목을 갖추게 된다. 조금 더 단순한 관점에서 조명하면, 서비스 러닝은 상대적으로 시간적 여유가 있는 노인들의 여유시간을 효율적으로 활용할 수 있도록 도움으로써 노년의 생활을 보람있고 의미있게 하기 위한 활동이다. 이는 봉사를 통해 배우는 것인데, 배움은 다른 한편으로는 가르침을 내포하며, 그것은 노인들이 자신의 생각과 경험을 나누는 것을 통해 통합되는 것이다(김철영, 2011, 101).

3) 서비스 러닝의 핵심 요소

서비스 러닝의 핵심 요소는 봉사활동과 배움, 그리고 반성이다(Winings, 2005). 서비스(service)란 삶의 현장에서 봉사하고 체험하는 활동 자체이며, 배움(learning)은 서비스를 통해 체득한 학습을 의미한다. 또한 반성(reflection)은 배움을 가능하게 하는 비판적 사고로서 제한되고 왜곡된 이해를 방지한다(Mezirow, 2000, 2009). 서비스 러닝이 봉사활동과 배움, 반성을 통해 통찰력을 얻을 수 있지만 전환학습(transformative learning)과는 구분이 되는데, 전환학습은 통찰을 뛰어넘어 준거의 틀(frames of reference) 자체가 변혁되기 때문이다(Mezirow, 1991). 자신에 대한 성찰은 의미의 구조(meaning schemes)를 변화시키며, 비판적인 통찰은 의미에 대한 왜곡된 관점을 변혁시킨다.

따라서 전환학습은 내용(contents), 과정(process), 전제(premise)로 구성되며, 내용을 다루는 학습 과정을 통해 잘못된 전제가 변혁되면 전환학습이 이루어지는 것이므로 서비스 러닝의 반성과정이 치밀하면 전환학습으로 확장된다(Eyler and Giles, 1999, Mezirow, 2000). 이렇듯 생각의 틀인 패러다임이 전환되는 것(paradigm shift)은 새로운 역할과 다른 사람들과 관계를 맺는 새로운 방법을 통해 재교육이 발생하기 때문이다(Fox, 1988, 80-81).

4) 서비스 러닝과 신앙발달

　노화는 인간발달의 다양한 분야의 복합적인 측면을 포함한다(Choi, 2015). 심리적인 발달을 포함하여 영적인 발달은 죽음의 순간까지 계속되며(MacKinlay, 2001, 66-67), 따라서 영성이란 인간의 전생애를 통하여 지속적으로 발달하는 개념이다(Atchley, 2009).

　서비스 러닝을 통한 영적 발달은 지적, 감정적, 의지적인 통합적 배움을 포함하며, 이는 예배 공동체로부터 도움을 필요로 하는 사람에게로 손을 내밀 때에 가능한 일이다. 그러한 과정을 통해서 새로운 삶의 의미와 초월적인 하나님을 내재적으로 만날 수 있기 때문이다(Vogel, 1995, 79). 노인들이 신앙을 기반으로 하는 봉사활동에 참여하는 이유는 그러한 활동이 인생의 목적을 밝혀주고, 개인적인 성장에 기여하며, 일상의 삶에 생산성과 활력을 더해 주기 때문이다(Bradley, 1999, 47-48). 그러므로 서비스 러닝에 참가하는 노인들은 신앙과 연계된 봉사활동을 그리스도인의 책임, 하나님 중심의 활동, 그리고 신앙에 유익한 활동으로 인지하고 있다(Choi, 2013).

4. 서비스 러닝의 사례

　다음에서 소개하는 사례들은 모두 기독교적 사랑과 희생, 섬김의 가르침을 봉사활동으로 연결하는 서비스 러닝의 사례들이며, 봉사활동을 수행하는 이들은 미국의 한인이민교회에 출석하는 65세 이상의 노인 재미교포들이다.[2] 본 사례들은 신앙생활을 통해 체득한 기독교의 가르침을 봉사와 섬김을 통해 더욱 깊은 깨달음과 생생한 통합적인 신앙으로의 승화를 몸소 보여주는 사례들로서 비록 소재 지역은 다르지만 같은 복음의 전통 하에서 서비스 러닝을 통하여 노년의 성숙한 신앙의 모습을 잘 드러낸다.

1) 은퇴 후 지역 커뮤니티컬리지(Community College)에서 회계학 강사로 봉사하는 71세 여성

요새는… 리타이어(은퇴) 했지만 집에 있는 시간 아깝다고 생각해서 파트타임으로 제가… OO칼리지에서 1주일에 하루 어카운팅(회계학)을 튜터(개인지도)해요. 튜터… 근데 거의 다민족 애들이 많이 와요. 그 다음에 또 여기 데이케어를 또 제가 일부러 선택을 했어요. 그 데이케어(유아원) 가면 선생들이 거의 다 로우인컴(저소득)으로 일하면서 거의 다 예수님을 모르는 사람 같애요. 거의 다. 거기를 다시 제가 요새 어플라이 해서 그 사람들이랑 잘-친밀한 관계를 가지면서 어느 정도… 시간을 적당한 때 잡아서 쉐어링(나눔)을 해야겠다는… 그런 아주 그냥… 전도하고 싶은 마음이 굉장히 생기네요.

남들은 그 조금 받으면서 왜 그 잡(직업)을 골랐느냐고, 자꾸 아들도 묻고, 남편도 묻고 그러는데… 복음을 전하기 위해서는 사람을 만나야 되

---

[2] 자세한 사항은 Choi, Seong-Hun. *The Impact of Religious Volunteering on Faith: Perceptions of First-Generation Korean-American Elderly*. PhD diss., Deerfield, IL: Trinity Evangelical Divinity School, 2013을 참조하라.

고... 만나는 데는. 거기는 굉장히 어렵게 살고, 가난하고, 그리고 마이너리티 애들이 많이 오는 데에요. 제가 옛날에는 인종차별이 굉장히 심했어요. 흑인을 굉장히 무시하고... 그런데 이 데이케어 가니까 흑인애들, 멕시칸 애들, 그리고 미국 애들인데, 어렸을 때부터 그 아이들을 사랑하니까, 아 그러면 내가 이 사람들 성인을 봐도 차별을 안 하구나, 그 마음의 자세가 생기더라구요... 어머머, 이렇게 똑같이 공평하게 이쁘게 낳아서... 하나님이 주셨는데, 내가 그 사람들을 차별했구나 하고, 굉장-히 그... 회개를 많이 했드랬어요.

2) 은퇴를 준비하며 선교지에서 의료선교 봉사활동을 수행하는 65세 남성

아마존 강에 가서... 낮에... 해가 있을 때는 환자를 봐요. 그리고 이제... 밤이 되면... 그 사람들을... 이렇게 공설운동장 같은 데다 모아 놓고... 발전기로 전기를 틀어 가지고... 거기서 이제... 아... 간이... 말하자면 부흥회 같은 거... 우리가 생각하는 교회 생활하고 달라서 거기서는... 그런 모임을 하면 한 시간 이상을 찬양을 하면서... 아주 분위기가 뜨거워져요. 그리고 한 시간 동안 또 기도를 해요... 두 시간 동안에 그렇게 하면... 누가 올라서서 말씀을 전하던지 그걸 100% 받아들여지는 아주... 열광적인 그런... 모멘텀(순간)이 되는데... 그렇게 해서 저한테도 기회가 주어져서 예수님의 말씀을 전하게 되고, 그랬을 때... 그 복음을 한 번도 접하지 못했던 사람들이... 한 시간 동안 찬양하고, 한 시간 동안 기도하고, 그러면서 한 시간 동안 통역을 통해 말씀을 전하고, 그 자리에서 예수님을 영접하고, 정말 울면서 나와서 회개하고... 그... 예수

님을 영접하고, 하나님의 자녀가 되는 거를 결심하는 거를 보고, 그 사람을 위해서 또 안수하면서... 기도하면서 이렇게 했을 때... 하나님이 어느 성전 안에 있는... 숭고한, 저 멀리에 있는 아버지가 아니라, 그... 아마존 그... 원주민과 같이 있고... 그 못 살고... 병들고... 그러한 상태에 있는 사람들의 바로 아버지가 되시고, 또 예수님의 모습을 거기에 있는 어린 아이들한테서 직접 볼 수 있고... 그 생생한 경험이라는 거는... 겪어 보지 않은 사람은... 음... 정말... 벽에다 걸어놓은 예수님의 사진이나 비슷하게 밖에 느껴질 수가 없죠.

그렇지만 피부로 그 사람들하고 같이 접하고... 하루 종일 그 사람들을 위해서 환자를 보고, 봉사를 하고, 그 다음에 저녁 때, 그 사람들에게 말씀 전하고, 또 그 사람들이 변화 받고... 아... 예수님을 믿기로 결심했을 때는... 나는 그 사람을 언제 다시 볼 수 있는 경우는 정말 제로죠. 그럴수는 없겠지만 단지 하나 확신하는 거는, 우리가 하늘나라 갔을 때는 다같이 만날 수 있을 거라는 것... 하나님의 이미지라는 것이 그 멀고, 숭고하고, 이런 것이 아니고 진짜 나와 함께 하시고... 같이 하신다 하는 거를 느낀다면... 전혀... 다른 거죠.

3) 지역 노숙자를 위한 센터에서 봉사활동하는 73세 여성

처음에는 이런 사람들이 무슨 문제가 있고, 우리와는 다른 그런 사람들인 줄 알았어요. 무슨 나름대로의 문제가 있으니까 저렇게 살지, 그랬는데... 우리랑 똑같은 사람이에요. 무슨 와이프한테 이혼을 당하고 아이들을 다 뺏기고 들어오고... 그런데 아이들도 보고 싶어하고... 근데

요새는 경기가 안 좋으니까 직장에서 레이오프(일시해고) 당해서 길거리로 나 앉은 사람도 많아요. 작년까지만도 직장이 있다가 이젠 아무 것도 없어서 홈리스(노숙자)가 된 거죠. 멀쩡한 사람이… 가진 것은 없고 돌아다니지만 정신은 멀쩡해요들… 바로 어제 우리 이웃들인 거죠. 어떤 여자는 자기가 임신했다고 음식을 자꾸 두 배로 달라는데, 임신하면 음식을 더 주거든요. 근데 알고 보면 임신한 게 아니라… 그 여자는 벌써 몇 년째 임신하고 있어요, 호호… 그게 마음이 공허해서 그러는 거죠. 음식으로 채울 게 아니라 마음이 비어서 그래요. 참 불쌍해요.

4) 아프리카 케냐 마사이족 선교사로 지역을 섬기는 86세 남성

그 사람들한테 가르친다 하는 게 아니라… 그 사람들을 섬기다가 보니까… 내가 그 사람들로 하여금… 그 섬김의 중요성을 배우게 되고… 이 미국같이 좋은 데가 어디 있습니까? 응? 미국같이 좋은 데가 없잖아요?

또 나는 자녀들도 있고, 손자들도 있고… 나, 한국에서 골프 좀 쳤어요. 미국에 와서는 골프 한 번도 안 쳤어요. 그렇게 이제 가 가지고… 그 현장 사역을 하다 보니까, 모든 게 다 바뀌게 되잖아요?

그러니까 음식을 먹는 것도… 그냥 선교사들이 다니면 못 가요. 그냥 현지 음식, 그저 1~2불 짜리… 1~2불 짜리도 많죠. 어떨 때는 그래서 이제… 그런 생활을 하면서… 그 사람들한테 가서 행복이라고 하는 게 뭔지 배웠어요. 그 사람들은… 내가 생각할 때는 그 사람들의 그 생활이라고 하는 것은… 정말… 말로 할 수 없는 비참한 그런 생활 아닙니까? 먹을 게 잘 공급이 안 되고… 모든 게… 열악하고… 선교사니까 나한테

그걸(부고장) 보냅니다.
 그럼 내가 안 갈 수 없잖아요?
 그래도 제일 먼저 찾아오는 게 또 선교사 찾아옵니다. 그것만 해도... 참 감당하기 힘들어요. 그러나 또 힘들다고... "no" 할 수 없잖아요, 그래서... 그러니까 나는 가 가지고... 선교사님들 생활비를 제일 최하가 옛날엔 천 불인데, 지금은 아마 천 불 넘을겁니다. 많이 받는 사람은 2,800불... 이렇게 요번에 또 몇 년 전에 또 올랐어요. 나는 거기서 백 불 가지고 합니다.
 그럼 어떻게 백 불 가지고 사느냐?
 거짓말이라고 그래요. 100불로 살 수 있어요. 쌀을 사면, 거긴 쌀이 쌉니다.
 그럼 나는 쌀이 있으면 되잖아요?
 그 다음에 거기에 염소가 있으니까, 염소 고길 파는 데가 있으니까, 염소를 조금 사다가, 여기서(미국에서) 갈 때, 된장, 고추장 밑반찬 좀 해 가지고 가니까, 내가 그걸로 먹고... 그리고, 농장이, 시골농장이 있으니까, 농장에서 채소가 나오잖아요. 그래서 이제... 그 또 백 불이면 돼요. 음... 그러니까 나는 이제 도심지에 가서 무슨... 나는 나이로비 같은 데 가서 못살겠더라구요. 거기 가면 그 사람들하고 같이 어울려야 되니까...(지역주민들을 위한 농군학교를 짓는 과정에서) 돌을 싣고 오는 차가 있어요. 트럭이 있는데, 그 트럭 보고 개울에 가서 모래를 좀 싣고 와 달라고... 그랬더니 거기서 싸움이 벌어졌나봐요, 나는 그 싸움이 벌어진 줄도 모르고, 차가 갔는데 차가 안 와요, 그래서 왜 안 오는가 하고 봤더니, 차가 오더라구요.

아, 오늘은 좀 늦게 오나보다. 근데 와서 보니까 빈 차가 왔어요. 그래서 왜 빈 차가 왔느냐 하고 보니까, 현지 청년들이, 열 몇 명이 와 가지고... 이 모래를 관장하는 것은 자기들의 소관이라고... 거기서 싸움이 붙다가 안 되니까 빈 차가 왔어요. 그 때 내가 졌으면 이 사역을 못했을 겁니다. 하나님께서 나한테 칼을 짚으라고는 안 했겠지만... 내가 우리 현지인 스텝이 OOO(이름)이라고 있는데, "OOO, 빨리 칼을 가져 오라"고... 그 칼이 이제... 그... 방가라고 영국에서 만든 겁니다.

그러면은 쉽게 말로 하게 되면 우리가 조선사극을 보면 참수할 때, 그 칼 있잖아요?

그거 보다는 적어요, 그러니까 이 칼이 이만한 나무도 그냥 내려치면 뚝뚝 잘라집니다. 그래서 내가 OOO, 방가 하나 가져오라고 그러니까, 빨리 가져오라고, 그러니까, 방가... 그 지금 그 살벌한데서 내가 칼을 가져 오라고 하니까 이 OOO가 안 가져와요. 그래 내가 또 해도 안 가져와서 세 번째는 내가 소리를 질렀어요, 음? "OOO! 빨리 가져 오라"고, 그러니까 가져왔어요.

그래서 내가 칼을 들고, 그 모래사장... 그 쪽 개울이 있는 데, 거기 이제 둑이 있어요. 둑 밑에 이제... 거기를 가면서 나는... 여기 와서 농군학교를 해서 농사를 지어 가지고, 너 배고픈… 응?

그걸 옥수수 심고, 채소 심어서 좀 잘 살게 할려고 왔는데, 왜 내 일은 사사건건 모두 방해하느냐?

그러면서 갔어요. 가 가지고, 너희 리더가 누구냐?

한 놈 손 들더라구요. 나오라고, 또 한 사람 나오라고... 그래 내가 이제 언덕에 무릎을 꿇... 무릎을 꿇기 전에 둘이 나왔어요, 그리고 다른 놈들은 실실실, 내가 칼을 잡으니까 도망을 가고, 그런데 거기에 이제 그 정도가 되니까, 농군학교 공사장에서 일하는 사람들... 또 동네 사람들... 뭐 많이 이제 거기 이제... 왔어요. 내가 인제 일어나서 보니까. 근데 거기서 이제 칼을 들면서 이 칼로 나를 죽이면 내가 갈 수 있어도, 너희들이 나를 죽이지 않으면 나는 못 간다, 못 간다... 그러니까 나를 죽여라, 그래 내가 이제 칼을 주고 거기에 이제 무릎을 꿇고, 고래를 이제 떨구고, 여기를 쳐라, 그럼 내가 죽으면 나는... 가는지 안 가는지 몰라도 나는 갈 것이 아니냐?

그러니까... 애들이 이제 와 가지고 빌더라구요. 한 쪽 사람이 그러더라구요, "엘다(elder, 어르신) 일어나라"고, 탁- 뿌리쳤어요,

그랬더니 두 사람이 거기 있었잖아요?

그래 한 사람이 이쪽 손 잡고, 다른 사람이 저쪽 손잡고, "elder, I'm sorry, I'm sorry... 그래 아임 쏘리 하니까 내가 일어났어요. 그래 왜 그랬냐 하니까 아유, "I'm very hungry" 그러더라구요. 그래서 내가 그 hungry라고 하는 그 말에 그냥 눈물이 확 나오더라구요, 그래 내가 탁 잡았어요, 허그(hug)를 했어요, 그러면 진작 배가 고파서 그랬다고 그러지 왜 공사를 하는 데 방해를 했느냐?

sorry... sorry... 그래서 이제... 그 뒤에 내가... 그러면 너 팀 중에 몇 사람만 이 모래 싣는 데 와서 일을 해라, 그래 그 날 일을 마친 다음에 내가 염소 한 마리 값을 줬어요. 염소 한 마리 값이 한... 25불, 한 30불입니다. 그래서 내가 이걸 주면서 이걸 너희들이... 그래가 그 나라 돈으로 환산하면 또 많잖아요?

그래가 나누어 가지던지, 이걸 잡아 가지고 너희들이 먹든지, 그건 너

희들이 알아서 해라, 그러니까 그 소문이 이제 났어요.

그러니까 이제 거기 추장이 커뮤니티 리더들을 전부 불러가지고 아마 혼을 냈는가 봐요, 음?

선교사가 그냥 와서 일하는 것도 아니고, 우리를 위해서 농사를 지어서 같이 잘 살자고 하는 사람을 너희가 그럴 수 있느냐?

그때만 해도 추장은 뭐 대단한 직책 아니에요?

그 다음에 이제 저 사람은… 나를 죽이라고 하는 사람이라고 소문이 나 놓으니까, 그 다음부터 내가 마을에 나가게 되면, 엘다, 엘다… 그리고 나를, 내가 처음 들어갔을 때, 자기들 무슨 일 있으면 나한테 와서 항의하던 사람들… 그 사람들이 이제 도리어 무슨 일이 일어나게 되면 그 사람들이 앞장을 서 가지고 엘다는 그런 사람 아니다. 그리고 자기들은 자기들끼리 벌써 무슨 말을 하면 다 알잖아요. 그래서 기기서 이제 무사히… 사역을 잘 했죠.

5) 함께 아프리카 선교를 수행하는 72세 여성(위의 남성의 부인)

마사이족들을 가서 보면 진짜, 너-무 불쌍해요. 먹을 것도 없고, 입을 것도 없고, 신을 신발도 없고… 마실 물도 없고… 짐승들하고… 짐승들하고 함께… 이렇게 땅바닥에서… 소똥집 속에서… 그렇게 살고 있어요, 그분들이… 그러면 이 세상에서… 그분들이 그렇게 어려운, 정말 피폐된 환경 속에서 그렇게 살고 있는데, 사후에 그 사람들이 또 지옥을 간다면, 그 지옥 형벌이 얼마나 무서운데… 이 세상에서도 그랬는데, 정말 사후에도 그렇게 되면 그래서 그 영혼들이 너무 불쌍해요.

이 세상은 일시적이잖아요, 언제든 끝나잖아요, 근데 영원한 것을 위해서... 그 지옥 형벌을 받는다면, 그 영혼들이 너-무 불쌍해 가지고... 진짜... 그런 데에 가서 한 생명이라도, 한 생명이 천하보다 더 귀하다고 (예수께서) 말씀하셨는데, 그 영혼들이 너무 불쌍해서, 정말... 여기서는 한 사람도 인도를 못하겠어요, 여기 이 미국에서는... 사람을 어디 가서 만나야 전도를 하겠는데, 그 마음이 너-무 기도 제목이에요, 제가. 사람을 만날 수가 없는데, 선교지에 가면 그 많은 사람들, 황금어장이에요, 거기는... 교회에 가서 막 안아주고, 그 불쌍한... 이 애들은 아주 파리가 눈 속에 들어 있어도 감각이 없어요. 그렇게 (파리가) 많고, 짐승들하고 같이 사니까 위생도 말도 못할 정도로... 그런 데에 가서... 예수님은 그런 사람들을 사랑, 우리보다 (우리가 사랑하는 것보다) 사랑하지 않았을까, 가난한 자, 병든 자, 과부들을 사랑하시는 예수님, 정말 우리도 예수님의 사랑을 받았으니 나누어야 되지 않겠나, 아, 그런 간절한 마음이 그렇게... 그래서 저는 선교지에 가면 너-무 내가, 지금도... 너무 감사해요. 내 입이 만 개라도 그 감사를 어떻게 주께 다 드릴 건가, 참 이런 고백을 하면서... 너무 감사해요.

6) 의료선교 봉사활동을 수행하는 73세 남성

목사님이 이렇게... 어... 어유, 사람 용서하라고 뭐 이렇게 (설교)했지만... 자기에게 어떤 이해타산 관련된 일에서 자기에게 손해보는 일을 한 번이라도 해 주면... 그걸로서 내가 녹아져버릴텐데... 그걸 하지 못해... 만일 어떤 경우에. 어유 그렇네요, 아임쏘리... 하는 그런 인간적인

면… 그런 거를 보여주면은… 그냥 녹아질 거에요. 교회적으로… 그런데… 그런 목사님들을 많이 보지를 못해요. 그러나 선교지역에 가면은 그분들을 볼 수가 있어요. 맨 처음 제가 이제, 2001년에 갔을 때, 제가 자존심 가지고 선교간다 하고 와서 폼을 잡았는데, 돌아올 때 보니까 이렇게 마음이 편치가 않아요. 왜?

세상적으로 보면은 아이고, 뭐 고생하고… 그런데 와 보니까 집도 있고… 에어콘도 있고, 샤워도 있고… 좌변기 있고… 이렇게 하는데… 자동차도… 거기서는 그냥 매연있고 막 그러지만… 그런데 모든 세속적으로 보면 내가 나은데… 정말 믿는 사람으로서 믿음의 눈으로 볼 때에는 그게 더 크게 보이고… 나는 너무 작다는 거를… 음… 늘 그런 마음은 있었지만 그러나 내가 정말, 음… 정말 그… 본-어게인(born-again, 중생) 했다는 사람들 뭐 얘기를 하면, 저는 그때 정말… 그게 철저하게 그걸(본-어게인) 느꼈어요. 내가 믿음의 눈으로 볼 때, 아무리 큰 목사가 위대하다고 그래도, 어허… I can look him down(얕잡아 볼 수 있음)… 영적으로 볼 때는 그런 마음이… 아무리 작은 사람이라도 정말 내가 믿음의 눈으로 볼 때는… 저분은 나보다 더 크다, 이렇게… 그런 마음이… 그렇게 살려고 지금… 노력하지 않나…

지금 제가 작년, 재작년까지만 해도, 70으로 안보였는데. 지금은 제 집사람, 제가 70넘게 보인다는 거에요. 그러니까 자기가 자기를 깨달아야지요. 그리고 이제 몸도 쇠약해 지면서… 늘 점검하고 이제… 참 거 믿음의 유산을… 가지고 살 수 있다는 것… 어, 그게 참 감사하고… 아까도… 지금 내가 이렇게 심길 수 있는… 섬긴다는 기가… 교회와서 막 부엌에 들어가서, 주일에 와서 막 서비스하고… 거기에 막 열중하고…

무슨 뭐... 교회... 그 교회 열심히 하고... 이제 그렇게 해서 또 섬길 수도 있는데... 지금 저의 레벨에서 섬긴다고 하는 것은 그런 차원이 아닌... 인제 그런데서... 깨닫고 내가 섬길 수 있다, 그러나... 너무 부족한 것, 그런 거를 느끼면서... 그러나... 나 또... 하나님께서 채워주시겠지... 그렇게 하면서... 어, 믿음의 유산을 보고... 어... 그거를... 내가 갈 곳이 있다는 사실... 그거 믿는다는 거 쉽지 않아요, 쉬지 않아요. 천국이 있다는 것을 보여준 사람이 제 아버지... 그 다음에 제 나이하고 같을 때, 세상을 떠난 40세에 그... 그분이 있었는데, 우리 교회에서 그분이 췌장암으로 세상을 떴는데, 그분이 믿음으로 천국이 있는 걸 보여주면서 평안히 떠나셨어요. 인제 그런... 저도 인제 그런 면에 감사하고... 뭐... 그렇게 둘이 (아내와) 다투고, 의견충돌이 많지만, 많은 사람들이 또 우리를 보면서 어... 어떤 그... 모델, 멘토로 이렇게 생각을 해...

9장

간세대 교육과 신앙전수

혼밥(혼자 먹는 밥), 혼술(혼자 마시는 술), 혼행(혼자 가는 여행)이라는 신조어가 이제 그리 낯설지 않은 시대가 되었다. 이렇게 나홀로족이 늘어나는 것은 핵가족화로 인한 1인 가구의 증가, 청년층의 취업 어려움 및 여성의 사회적 지위 향상으로 인하여 결혼을 필수가 아닌 선택으로 여기는 결혼관의 변화, 그리고 개인주의의 확산 등에 기인한다. 2016년 9월에 발표된 통계청(www.kostat.go.kr)의 "2015 인구주택총조사"에 의하면 전체 가구 1,911만 1천 가구 중 1인 가구의 수는 520만 3천 가구로서 가구 수의 27.2%를 차지하였다. 이는 1995년 12.7%를 차지한 이후 계속 증가 추세를 보이는 것으로, 2015년 현재 1인 가구의 비율은 26.1%를 차지한 2인 가구, 21.5%의 3인 가구, 18.8%의 4인 가구를 제치고 가장 많은 비중을 차지하는 가구의 구성이 되었다.

이런 상황 가운데 학교와 교회 역시 연령별로 학급과 부서를 구분하여 세대 격리를 조장하고 있다. 사회에서는 기성세대가 미래에 대한 불확실성으로 인해 현재의 지위를 더 유지하려다 보니 청년세대에게 취업 기회를 제대로 부여하지 못하며 세대 간 갈등을 야기하는 상황이다. 1인 가구의 증가에 따라 간편하고 저렴한 편의점의 도시락 판매 급증과 더불어 소량이지만 고급스러운 재료와 장식을 가미한 디저트를 커피와 함께 제공하는 디저트 카페에 대한 수요가 높아지고 있다. 커피와 함께 먹는 달콤한 디저트는 나홀로 생활하는 청년들이 곤고한 마음과 외로움을 달래기 위해 자기 자신에게 주는 작은 선물인 셈이다.

또한 청년층 사이에서 혼자 식사할 수 있는 분위기와 맛이 좋은 음식점에 대한 정보를 공유하는 것도 흔한 일이다. 젊은이들이 사회에서 기회를 얻지 못하고 눌려있는 현실 속에서 자신을 향해 줄 수 있는 선물로서 달콤한 디저트를 선호하는 것, 그리고 서로 음식점이나 상점에 대하여 정보를 공유하는 것은 외로움과 소외를 극복하고자 하는 열망에서 비롯된 것이다.

아주 어린 나이 때부터 입시교육에 치이는 어린이들이나, 자녀들의 양육비와 주거비로 인해 허리가 휘어지는 성인들도 세대 간 대화와 소통에 대한 마음의 여유조차 잃어버리고 있으며, 노인들 역시 점점 노쇠해지는 육체와 줄어든 수입으로 인해 교회에서조차 인정받지 못한다고 느끼는 경우가 많다. 교회는 그러한 마음들을 헤아려서 복음 안에서 하나됨을 이루는 가교가 되어야 하며, 그러한 사역은 간세대 교육을 통해서 이룰 수 있다.

1. 간세대 교육이란?

1) 간세대 교육의 정의

　간세대 교육에 대한 정의는 학자마다 다른데, 두 세대 이상이 상호작용하여 학습의 목표를 달성하는 것을 의미한다는 점에서는 동일하다. 간세대 교육이란 둘 또는 그 이상의 세대가 참여하며, 동일한 장소에서 모여, 공동의 학습 내용 또는 주제를 다루며, 세대 간 상호작용을 통해 참여자 모두의 신앙 성장을 지향하는 교육모델을 뜻한다(장신근, 2011). 간세대 교육이란 적어도 두 세대, 연령 그룹 또는 보다 적절하게는 세 세대, 연령 그룹의 모든 구성원들이 경험을 통하여 서로 주고받는 교수-학습 과정에 함께 참여하는 것을 말한다(Foster, 2012).
　노년학을 기준으로 조명한 간세대 교육이란 노인세대와 젊은 세대 간의 접촉 및 협력을 증진하여 교육효과를 달성하기 위한 교육으로서, 노인들이 젊은 세대와 함께 경험하고 학습하는 각종 활동과 프로그램을 의미한다(Throp, 1985).

2) 간세대 교육 프로그램의 시초

　간세대 교육은 1960년대 중반에 들어서면서 노령인구의 증가를 인지하기 시작하며 간세대 교육 프로그램에 대한 필요성이 증대된 미국에서 시작되었다. 핵가족화로 인한 노령계층의 소외와 상실감을 극복하고 아동의 가정교육 기회 상실을 보완하기 위한 목적으로 간세대 교육 프로그램은 개발되기 시작하였다.

학습자에 대한 거시적 이해를 위해 세대별 특성을 살펴보는 것이 유용한데, 특히 특정한 집단이 비슷한 시기의 출생으로 인해 같은 경험을 공유하기 때문에 의식과 행동양식에 있어서 동일한 양상을 나타내는 효과를 의미하는 출생동기집단효과(Cohort effect)[1]는 동일한 연령대의 학습자 집단에 대한 이해를 돕는다. 이와 같은 개념은 미국에서 처음 소개된 것인데, 우리나라의 현실에 적합하도록 수정하여 활용하면 효과적이다.

---

1 다음은 미국의 출생동기집단 효과를 요약한 것이다. "전통세대"(Traditionalists)는 1927-45년 출생한 세대로서 2차 세계대전, 대공황, 한국전쟁 등을 겪었다. 전통적으로 근면하고 성실한 모습을 보이고, 군소리 없이 애국심을 발휘하며 권위에 복종하기 때문에 침묵의 세대(Silent Generation)라고도 한다. 다음은 1946-64년에 출생한, 우리나라에서는 한국 전쟁 이후인 1955-63년 사이에 출생한 "베이비부머 세대"(Baby boomers)로서 이들은 산업발달기에 성장했기 때문에 기본적으로 업무 중심이고 목적지향적인 성향을 보인다. 그리고 이전 세대에 비하여 독립적이고, 전쟁 이후 또래 세대가 많이 태어났기 때문에 경쟁적인 모습을 나타낸다. 뒤이은 "X-세대"(Generation X)는 1965-80년 사이에 출생한 세대인데, 캐나다의 소설가 더글라스 쿠프랜드(Douglas Coupland)가 마땅히 정의할 용어가 없다는 의미의 "X"를 사용하여 최초로 X-세대로 명명했다. X-세대의 특징은 고학력을 기반으로 전통의 가치를 부정하고, 자기주장이 강한 개인적인 모습을 보이며, 미디어의 영향에 민감하다는 것이다. "Y-세대"(Generation Y)는 1981-2000년에 출생한 세대로서 "밀레니엄 세대"(Millennial Generation) 또는 새로운 기술발전과 정보화에 민감한 모습 때문에 "네트워크 세대"(Generation N)로 불리우기도 한다. 미국의 경우 Y-세대의 25% 가량이 편부모 슬하에서 성장하였는데, 베이비부머와 X-세대에 속하는 부모세대가 개인적이고 자기주장이 강하기 때문에 이혼율이 높아져서 이러한 일이 발생하게 되었다. 하지만 이전 세대에 비하여 유복한 부모세대를 둔 덕분에 재정적으로 여유가 있는 편이라 소비지향적이고, 건강과 외모, 운동에 관심이 많으며, 주목받기를 원하는 특징이 있다. 가장 최근의 세대는 "인터넷 세대"(I-Generation) 또는 "Z-세대"(Generation Z)로서 2001년 이후 출생한 세대를 지칭한다. 이들은 다양한 전자, 통신 기기, 네트워크를 활용하며 다양한 과업을 동시에 수행하는 다중적 역량을 발휘하는 것이 특징이다.

3) 간세대 교육의 목적과 내용

간세대 교육의 목적은 서로 다른 세대를 이해하고 수용함으로써 평등한 세대 간의 관계를 형성하고, 세대 간의 그릇된 고정관념을 수정함으로써 상호 간에 배움의 기회를 증진하는 것이다. 모든 세대가 동일한 활동을 통해 공동경험을 함으로써 가치와 전통, 그리고 신앙고백을 전수하며, 나눔을 통한 신앙의 성장과 성숙을 가능케 하는 것이 간세대 교육이다.

간세대 교육은 세대 간의 편견을 없애고 이해를 증진하며, 노인 개인에게 있어서는 노년에 대한 자신의 태도와 가치를 반성하고 자신의 노후를 대비하는 내용으로 구성해야 한다(기영화, 2007). 노년 세대는 젊은 세대로부터 능동적인 삶의 자세, 현실감각, 도전의식을 배우며, 새로운 사회의 변화에 적응하고 대응하는 것을 배운다. 반면 젊은 세대는 노년 세대로부터 삶의 체험과 지혜를 배우며, 전통과 역사에 대한 바른 이해를 함양할 수 있다.

교회가 수행할 수 있는 간세대 교육의 방법은 모범, 격려, 공적 가르침, 멘토링, 훈련, 정비를 통한 교육 등이 있다(Gangel and Wilhoit, 1996). 교회는 젊은 세대와 노년 세대가 소통하고 교제를 나눌 수 있도록 소그룹, 교회학교, 위원회, 수련회 등을 운영하여 노인들이 신앙의 모범을 보일 수 있는 기회를 제공해야 한다. 전화와 SNS를 통한 심방과 격려, 중보기도 역시 효과적이며, 성경공부 강의를 신앙의 경륜이 많은 노인이 담당하는 것도 바람직하다. 두 세대를 지혜와 도움을 제공하는 멘토(mentor)와 도움을 받는 멘티(mentee)로 연결하는 것, 말씀과 기도, 전도 등의 훈련 과정에 둘 이상의 세대가 함께 참여하여 경험과 지식을 나누도록 하는 것, 그리고 이를 통해 개인이 그리스도인의 인격을 온전히 갖출 수 있도록 정비하는 것은 간세대 교육의 목적과 내용을 실현하는 방법이 된다.

4) 간세대 교육의 기본요소

기독교교육학자인 제임스 화이트(James White, 1988, 18)는 간세대 교육의 기본요소로서 공동경험(in-common experience), 병행학습(parallel-learning), 공헌기회(contributive occasions), 그리고 상호작용을 지향하는 나눔(interactive sharing)을 제시하였다. 여러 세대가 함께 같은 시간에 같은 장소에 모여서 같은 내용을 같은 방식으로 체험하는 공동경험, 같은 주제를 다루지만 발달 단계 또는 흥미의 차이를 고려하여 각 세대를 분리하여 다른 장소에서 학습하는 병행학습, 절기 행사를 위해 각 세대가 예배의 순서를 분담하여 순서에 참여하는 것처럼 병행학습에서 학습한 내용에 기초하여 단편들을 모아 통합하는 공헌기회의 제공, 그리고 세대 간 구체적 경험, 느낌, 생각, 행동을 상호교환하는 상호작용을 지향하는 나눔은 간세대 교육을 풍성하게 만든다.

2. 주요국의 간세대 교육

1) 미국의 간세대 교육

미국의 간세대 교육은 핵가족화에 따른 노령계층의 소외와 상실감, 아동의 가정교육 기회 상실에 따라 필요성이 대두되었고, 1960년대 중반부터 활성화되기 시작하였다. 미국의 간세대 교육은 노년 세대와 청소년 세대 간의 상호협력 및 인종 내 세대 간 갈등의 극복을 목적으로 하며, 가정교육의 강화를 통한 사회문제의 예방과 해결, 영양교육의 전파 및 강화를 통한 보건과 의료 수준의 개선, 그리고 가정 내 폭력의 방지 및 예방 등을 세부 목표로 하고 있다.

간세대 프로그램의 종류로는 미주리대학교(University of Missouri), 텍사스농촌진흥원(Texas US Department of Agriculture and Rural Development), 일리노이대학교(University of Illinois) 등이 제공하는 노화 과정에 대한 이해 프로그램, 미네소타대학교(University of Minnesota), 템플대학교(Temple University) 등이 운영하는 문화와 예술 프로그램, 캔터키대학교(University of Kentucky), 뉴햄프셔대학교(University of New Hampshire) 등이 시행하는 요양 및 보호 서비스 프로그램 등이 있다.

또한 취업 프로그램은 펜실베니아주립대학교(Pennsylvania State University), 미네소타대학교, 템플대학교 등에 의해 운영되며, 뉴햄프셔대학교(University of New Hampshire) 등이 여가선용 프로그램을, 코넬대학교(Cornell University), 유타대학교(University of Utah), 피츠버그대학교(University of Pittsburg) 등은 전문직업 및 참여봉사 프로그램을, 그리고 템플대학교 등은 노년과 청소년 공동 프로그램을 운영하고 있다.

2) 일본의 간세대 교육

일본은 전통적인 대가족 제도가 현대화에서 사라지며 정부가 전통가정의 형태를 계승하기 위해 1970년대 초에 문부성이 필요성을 제기하여 간세대 교육 제도를 도입하였다. 지난 2004년 내각부의 자료에 의하면 80% 이상의 노인들이 간세대 교육에 참가하고 있는데, 노인들이 사회적 재화와 자원을 창출하는 존재라는 것이 그동안 간과되었음을 반성하며, 이벤트성 프로그램, 교육 프로그램, 레크레이션, 사회복지, 공중보건 등 다양한 형태를 보이며 발전하고 있다. 일본의 간세대 교육 프로그램에 대한 지원은 문부성보다 복지성이 더 큰 비중을 차지하기 때문에 복지적 성격이 강한 편이다.

3) 우리나라의 간세대 교육

우리나라의 간세대 교육은 1990년대 중반에 대두되었는데, 초기에는 주로 사회복지 차원에서만 전개되었다. 최근 평생교육 개념의 확산으로 관심이 증가하고 있는데, 이는 본격적인 세대 간 교육보다는 기존의 성인 중심 평생교육 분야에 노년학습자를 참가시키려는 시도의 측면이 강조된 것이다.

우리나라의 간세대 교육의 문제점으로는 다음 세 가지가 거론된다.

첫째, 세대 간 교육의 중요성에 대한 인식 부족으로 학문적 영역에만 머물러 있으며, 실천적 영역으로 확산되지 못하였다.

둘째, 연령별 집단에 대한 고정관념이 문제시 되고 있다. 연령별 특성에 고착되어, 세대 간의 어울림이 자연스러운 인간 현상이며 그로부터 얻을 수 있는 장점이 크다는 인식을 방해하고 있다.

셋째, 교육계와 정부, 사회의 의지가 부족하다. 이러한 문제를 타개하기 위해서는 전통적으로 연령을 분리해 온 교육현장에서 간세대 교육을 시작하여 직업, 사회봉사, 시민운동, 종교계로 확산하는 것이 필요하다.

3. 간세대 교육과 신앙

1) 간세대 교육의 성서적 근거

구약성경에서 나타나는 언약 공동체, 이스라엘의 가정교육은 그 자체가 간세대 교육으로서 토라교육, 회당교육, 종교예식 교육 등이 이에 해당한다. 특히 사무엘상 1-3장의 나이가 많은 엘리 제사장과 어린 사무엘의 관계는 간세대 교육이 한 세대가 아니라 두 세대 이상을 뛰어넘어 이루어질 수 있음을 시사한다. 자신의 의지와 기대치를 투사하는 부모세대의 시행착오를 겪지 않아 부정적인 감정 경험이 덜한 대상인 조부모 세대를 통한 간세대 교육이 손주 세대에게는 더 효과적일 수 있는 것이다.

신약성경에도 예수님이 어린 시절에 서기관들, 제사장들과 질문과 응답을 나누시는 장면(눅 2:41-48)은 연령을 초월한 간세대 교육의 좋은 예가 된다. 이렇듯 성경은 하나님 나라와 복음의 선포가 남녀노소의 구분없이 모든 이들에게 주어졌다는 사실을 통해 모든 사람들이 성경적 진리뿐만 아니라 피조된 세계의 진리에 대하여 서로 가르치고 배우는 교수자요, 동시에 학습자라는 인식을 제공함으로써 간세대 교육의 필요성을 강조한다.

2) 간세대 교육의 필요성

간세대 교육은 가정형태의 변화와 이로 인한 가족기능과 가치관의 변화로 인해 필요성이 제기되었고, 세대별로 분리된 교회교육의 문제에서도 그 필요성이 제시되었다. 도시화, 산업화로 인한 핵가족화는 세대 간 상호 교류의 상실을 유발하였고, 과거 농경사회에서 자녀는 가문의 재산이고 다복의 상징이었지만 오늘날 현대사회에서는 자녀는 교육과 양육의 부담을 부과하고, 여성의 사회 활동에 있어서 장애 요인으로 작용하는 등 핵가족화라는 가정형태의 변화가 자녀에 대한 가치관 변화를 야기하였다.

가족기능 또한 과거 남성 중심의 가부장적 기능 일변도에서 벗어나 평등한 부부관계로 변화하였고, 개인의 독립심과 자주성을 강조하는 서구적 가치관의 유입으로 개인주의적 여가활동이 활발해지며 가족간 분화로 인한 단절 문제가 대두되었다. 이로 인하여 부부관계의 갈등 및 청소년문제 심화, 그리고 고령화로 인한 단절심화와 고립감 등의 노인문제가 발생하며 간세대 교육의 중요성이 강조되고 있다.

교회 내에서도 간세대 교육에 대한 요구가 교회교육의 현실과 위협으로 인해 목소리를 높이고 있는데, 교회교육이 지나치게 학교교육의 영향을 받아서 학교교육의 시스템을 답습하여 신앙교육의 본질이 왜곡되었기 때문이다. 예를 들면 학교교육의 장점은 같은 연령대의 같은 수준에 있는 이들을 교수함으로써 교수-학습의 효율이 증진되는데, 신앙교육에서 학습자를 지나치게 세대 단위로 구분할 경우 세대의 단절을 통한 신앙전승의 단절 위험이 발생한다. 교회교육이 성인 중심의 목회구조와 미성년층 중심의 주일학교 교육으로 이원화된 구조적 문제로 인하여 간세대 교육이 필요하며, 성인 내에서도 장년예배와 젊은이 예배 등으로 분리되어 세대 간 소통의 기회를 점차 잃고 있다. 특히 교회학교를 학교식 교육구조를 받아들여서 운영하다 보니 학년별 또는 부서별로 조직을 구성함에 따라 세대 간 분리 현상이 심화되고 있다. 한편으로는 훈련받은 전문교육자 부재, 구태의연한 프로그램과 교육 기자재, 가정과 교회의 협력관계 단절, 평생교육적 마인드의 부족 등으로 인해 교회에서도 간세대 교육을 요구하는 논리가 더욱 힘을 얻고 있다.

3) 간세대 교육의 중요성

간세대 교육은 세대를 구분하는 이분법적 시각을 극복하고 부모세대와 자녀세대의 상호 간 삶과 배움의 공유를 통한 교육을 통해 상호작용하는 역동적 신앙 공동체를 형성하는 데에 이바지한다. 또한 학교식, 교과 중심 교육에 대한 대안으로 기능하여 지적인 편향성을 탈피함으로써 신앙의 통전성을 회복하게 한다. 세대 간의 소통은 상호 간에 가지고 있는 왜곡된 편견과 고정관념을 수정하고, 세대 간 평등한 관계를 수립하는 기반이 된다. 기독교교육에서 소외된 가정의 역할을 회복하여 가정과 교회교육의 연계성을 증대하고, 교회교육의 단편성과 파편성을 극복하고 평생 교육을 실천하도록 하는 데에도 간세대 교육은 유용하다.

교회에서 시행하는 간세대 교육은 규모가 작은 교회라도 공동체성, 친밀감, 참여제고 등의 소형교회의 장점을 부각시킬 수 있고, 가정과 교회의 연대를 통해 여러 가지 성과를 도출할 수 있다. 따라서 교회는 간세대 교육의 중요성을 알리고, 다양한 기회를 활용하여 도전과 비전을 제시하여야 한다. 또한 각 가정에서 이루어지고 있는 간세대 교육을 진단, 점검, 평가하는 한편, 각 가정의 독특한 상황에 따른 교육주제를 구비하여야 한다. 이렇듯 간세대 교육은 가정과 교회의 상호연계를 통해 균형 유지하며, 다양한 연령과 배경, 경험을 가진 이들의 상호작용을 통해 인간 이해를 증진하고 폭넓은 관계를 형성하는 기반으로 기능할 수 있다.

4) 간세대 교육의 분류

간세대 교육을 기간에 따라 분류하면 절기별 행사, 이벤트 등의 일회성 교육, 성경학교, 가족캠프, 주제별 교육 등 3일~4주간 지속되는 단기교육, 세례, 입교교육, 주제별 교육 등 3~6개월간 지속되는 계절단위 교육, 그리고 년중 계속 실시되는 주간 단위 주제별 간세대 교육인 년간 단위 교육으로 나눌 수 있다. 교수-학습 형태에 따라 분류하면 성만찬과 같이 예배와 예전을 통한 교육, 간세대 성서연구, 주제별 연구 등의 스터디, 특정 주제에 대한 발표와 토론, 단기선교 또는 봉사활동과 같은 현장에서의 실천경험의 나눔과 이에 대한 성찰을 통한 간세대 교육인 경험과 성찰, 신앙의 경험, 광복절, 한국전쟁 등 사회적, 국가적으로 중요한 사건들을 전달하는 이야기, 그리고 멘토(mentor)와 멘티(mentee)의 1대1 관계를 통해 성인

세대(조부모세대)가 자녀 세대를 멘토링하는 교육 등이 있다.

조부모세대는 부모세대보다 부정적인 삶의 부분을 덜 노출했기 때문에 조부모세대를 통한 간세대 교육은 설득력이 강하여 효과적이다. 이외에도 다양한 주제에 따른 센터를 마련하여, 세대 간 상호작용을 지원하는 센터 학습, 노작/예술활동, 가족캠프, 야외예배, 전 교인 수련회 등의 공동생활 활동들이 간세대 교육의 일환으로 운영될 수 있다.

4. 간세대 교육 프로그램의 실제

1) 간세대 교육을 위한 예배

간세대 교육을 위한 예배가 필요한 이유는 오늘날의 예배가 경영학, 특히 마케팅의 영향을 받아 다양한 기준에 따라 소비자를 세분화하고, 차별화하는 전략을 수용하였기 때문이다. 따라서 간세대 예배는 세대를 분리시키는 시류를 거슬러 교회의 흥망성쇠의 직접적 원인이 되는 신앙 전수를 위해 필요하다.

통계청(www.kostat.kr) 자료에 의하면 전체 개신교 인구에 대한 아동의 비율은, 1985년 13.7%, 1995년 10.7%, 2005년 10.3%로 감소 추세에 있으며, 지난 2005년에 비하여 2015년 현재, 10-19세 청소년의 종교 보유 비율은 50.5%에서 38%로 12.5% 감소하였다. 결혼 연령이 늦어지고, 결혼에 대한 인식 변화로 인한 청년들 사이에서도 연령차가 나타나며, 따라서 청년예배 내에서도 1청년부, 2청년부 등으로 연령에 따른 분리현상이 일어나서 세대 간 소통을 방해하고 있다. 교회는 오늘날 3대 이상의 세대가 함께 모일 수 있는 드문 공간이므로 세대 간 구별을 통한 편안함 때문에 공동체성을 희생해서는 안 될 것이다. 그러므로 현대목회의 공동체성 강화와 신앙전수를 위해서도 간세대 교육 프로그램은 필수적으로 요구된다.

간세대 교육을 위한 예배의 사례를 살펴보면 네덜란드, 남아프리카공화국, 미국, 캐나다의 일부 개혁교회들은 모든 회중이 주일 예배에 함께 참여하고, 청소년들은 평일에 교리교육을 실시하고, 어린이들은 예배 중간에 어린이들을 대상으로 하는 설교를 일부 포함하여 진행 후, 별도의 교육시간을 갖는다. 우리나라 교회들 중에서는 다수의 교회들이 한 달에 한 번 또는 절기 때마다 성찬식에 전 가족이 함께 모여 예배를 드린다. 또한 만나교회(www.manna.or.kr)는 장년을 위한 담임목사의 설교계획에 따라 어린이와 청소년, 청년들의 모든 예배가 같은 성경 본문과 동일한 주제로 말씀을 선포하고, 교회학교에서는 부모초청예배를 정기적으로 드리며, 1년에 2회 진행되는 전교인 새벽기도회에는 어린이들이 1천 여 명이나 출석한다. 양평국수교회(통합, www.guksu.or.kr)는 어린이 찬송, 부흥 찬송, 경배 찬송 등 다양한 찬양을 다양한 방법으로 부르며 음악예배를 통한 통합을 추구하고 있다.

한편 다운공동체교회(합동, www.downch.org)는 다채로운 세대통합예배 프로그램을 구비하고 있는데, 아브라함이 이삭을 번제로 드려서 믿음을 증명한 것처럼 세대가 통합하여 연합함을 위해 매월 둘째 주 토요일에 드리는 모리아산연합예배, 매월 넷째 주일 저녁 식사 후에 모이는 모리아산가족예배, 세대별로 돌아가며 담당하는 특송, 세대통합예배 이

전에 특별히 어린이들을 위한 말씀을 선포하는 "7분 스피치" 이후 유아, 유치, 어린이팀은 특별활동을 위해 이동하고, 청소년, 청년, 장년 교인들은 설교, 찬양, 주기도문으로 예배를 마무리한다. 성덕중앙교회(합동, www.pampi.kr)는 매주 오후 5시에 모든 세대, 온 가족이 함께 드리는 세대통합예배인 "행복한 예배"를 드리는데, 현대예배곡, 스킷드라마, 악기연주 및 찬양인도팀, 무용팀을 구성하여 세대가 한데 어우러져 영성과 예술성을 통합한 예배를 드린다.

2) 간세대 교육 프로그램

간세대 교육 프로그램에는 세대가 함께 하는 성경묵상 프로그램, 부부 및 부모교육 프로그램, 가족 프로그램 등이 있다. 세대가 함께 하는 성경묵상 프로그램은 「매일성경」, 「생명의 삶」, 「복있는 사람」 등 Q.T. 전문지들이 부모와 청년(대학), 청소년, 어린이 등 네 단계에 걸친 자료를 공급하고 있는 것을 활용한다. 부모가 말씀을 묵상하고 청소년, 어린 자녀의 Q.T. 지도를 하거나 함께 묵상을 나누는 방법을 통해 세대 간 교류를 활성화할 수 있다. 부모교육 프로그램으로서는 결혼예비학교와 신혼부부들을 위한 새 가정교실 등이 있는데, 주요 과목으로는 성격유형 검사를 통한 배우자 이해, 새가정론, 신혼부부가 잘 싸우는 법, 가정경제, 새로운 관계를 풍요롭게 하는 법 등이 있다.

간세대 교육 프로그램은 교회의 규모와 상관없이 의지를 가지고 운영할 수 있는 프로그램이다. 예를 들면 소규모 교회는 6-8주의 비정규 프로그램을 운영할 수 있고, 대형교회는 프로그램을 기획, 운영하는 특별

부서를 설치하여 1년 이상의 대규모 프로그램을 진행할 수 있다. 이외에도 상담기관과 연계하여 부부학교 등의 프로그램을 운영할 수도 있다. 학부모 기도회, 자모회 등의 부모대상 또는 특강, 세미나 등의 부모교육 프로그램을 운영하는 것도 결국 세대 간 교류와 화합에 대한 관심을 가지고 인력과 재정을 투여하면 되는 것이다. 가족 전체를 대상으로 하는 프로그램으로서 온 가족 캠프, 소그룹 리트릿, 그리고 가족 단위의 하이킹, 탐방, 봉사활동 등이 있다. 일례로 무의탁 노인 방문, 봉사, 장애인 가정 방문, 소년소녀 가장을 위한 봉사, 외국인 근로자를 위한 봉사, 경찰, 소방 공무원에 대한 식사 섬김 등을 편성할 수 있다.

10장

죽음교육과 신앙

　빅터 프랭클(Victor Frankle, 1979)은 사람들은 태어날 때에는 자신과 세상의 실재를 알지 못하며, 오히려 죽음을 맞이할 때에 그러한 실재에 대하여 알 수 있다고 주장했다. 이는 곧 죽음의 순간에서조차도 사람은 스스로를 인식하고 자신을 창조해 나가는 과정을 지속한다는 것을 의미한다. 따라서 노화는 단순히 인생의 종말을 향해 나아가는 것이 아니라 모든 삶의 질문들에 대한 납득의 시작을 의미하며, 죽음은 그러한 질문들에 대하여 끝을 맺는 것이다(Ulanov, 1981). 따라서 각자의 삶이 다르기 때문에 모든 개인의 죽음은 개인의 삶을 독특하게 만들고 삶의 의미를 확인하게 하는 도구가 된다.

　노령인구의 증가는 노후의 사회적, 경제적 보장에 대한 염려와 함께 미래에 대한 심리적 불안과 상실의 문제를 야기한다. 상실에 대한 문제는 배우자, 가족, 친구의 죽음문제와 연관이 있지만 우리사회에서 죽음에 대한 논의는 터부시되어 회피되고 있다. 그러나 죽음에 대한 생각과 태도를 바르게 정립하여 심리적 안정을 찾는 것이 노년의 바람직한 적응과 삶의 질 향상을 위해 필수적이라는 사실을 간과해서는 안 될 것이다(이이정, 2003). 비록 오늘날 우리사회에서 죽음에 대하여 별로 언급하지 않는다 하더라도 사실상 우리가 인식하지 못하는 방법으로 날마다 삶과 죽음에 대하여 다루고 있는 셈이다. 매일 운동과 건강과 식습관, 다이어트 등에 대하여 미디어가 다루고 있는 것은 사실은 죽음을 회피하고 삶을 연장하고자 하는 욕구가 우회적으로 표현된 것에 불과하기 때문이다.

1. 죽음에 대한 구약성경의 이해

초기에 기록된 구약의 책들은 죽음 이후의 삶에 대한 특별한 개념을 정리하고 있지 않으며, 하나님과 인간의 관계가 죽음을 통해 단절된다는 견해를 전개하고 있다. 일례로 이사야서 38장에서 히스기야 왕은 병들어 죽게 되었을 때에 "내가 또 말하기를 내가 다시는 여호와를 뵈옵지 못하리니 산 자의 땅에서 다시는 여호와를 뵙지 못하겠고 내가 세상의 거민 중에서 한 사람도 다시는 보지 못하리라 하였도다"(사 38:11)고 한탄하였다. 그러나 후기에 기록된 책들은 각 개인의 죽음 이후의 삶에 대한 표상, 즉, 부활에 대한 이해를 드러내고 있다. 예를 들어 다니엘 12장 2절은 "땅의 티끌 가운데에서 자는 자 중에서 많은 사람이 깨어나 영생을 받는 자도 있겠고 수치를 당하여서 영원히 부끄러움을 당할 자도 있을 것이며"라고 기록하며 내세에 대한 기대를 표현하였다.

죽음은 곧 하나님과의 단절이라는 견해는 죽음의 원인이 아담의 원죄에 근거한다는 인식에 기인한 것이다(창 2:17). 하나님과의 관계가 끊어짐의 벌로서 인류의 삶 속에서 나타나는 것이 죽음이기 때문이다. 구약성경의 등장인물들은 하나님께서 삶을 주셨고, 그것을 다시 가져 가시는 분이심을 고백한다(욥 34:14; 시 104:29). 또한 생명은 축복과 병행되어 이해되었고, 죽음은 저주와 병행되어 이해되었으므로(신 30:19), 죽음은 사람과 사람, 그리고 하나님과 사람 사이의 관계를 단절시키는 하나의 완전한 분리를 의미한다고 여겼다(신 30:15; 19; 시 115:17; 사 38:38). 이스라엘 공동체는 죄를 하나님과 인간 사이가 갈라지게 하는 원인으로 보았으며, 죽음은 그 분리의 결과라고 이해하였다. 따라서 이스라엘 백성에게 있어서 죽은 자는 다시 살아날 수 없다는 인식은 명확하게 드러난다(사 26:14).

그러나 구약 시대 말기, 즉 이사야서, 예레미야서, 다니엘서에는 죽음의 세계로부터의 돌아옴에 대한 기대가 출현하였다(사 26:19; 단 12:2). 죽음이 하나님과의 단절이라는 생각이 하나님은 치료의 하나님이며, 삶과 죽음에 대한 모든 권한을 가지고 계신다는 인식으로 전환된 것이다. 노년의 죽음은 성공적인 완성이며, 그러한 삶이 하나님께서 주신 복(창 25:8; 35:29; 출 23:26; 대상 29:28; 욥 42:16-17)이라는 인식은 하나님은 생명을 주실 수도, 다시 가져가실 수도 있는 분이라는 이해에 기인하고 있다. 따라서 고령의 죽음은 경건한 삶의 표시로 받아들여졌는데, 고령의 죽음의 예로는 아브라함(175세, 창 25:7-8), 이삭(180세, 창 35:28-29), 다윗(70세, 삼하 5:4-5; 대상 29:28), 욥(140세, 욥 42:16-17) 등이 있다.

> 그(아브라함)의 나이가 높고 늙어서 기운이 다하여 죽어 자기 열조에게
> 로 돌아가매(창 25:8).
> 욥이 늙어 나이가 차서 죽었더라(욥 42:17).
> 그(다윗)가 나이 많아 늙도록 부하고 존귀를 누리다가 죽으매
> (대상 29:28).

이러한 구절들은 노년의 삶은 하나님의 의지의 완성이며, 그 뜻에 합당한 삶의 표시라는 구약성경의 믿음을 잘 드러낸다.

2. 죽음에 대한 신약성경의 이해

신약성경에서는 예수님의 죽음 이후의 삶에 대한 표상이 이미 구약에서 언급된 부활과 함께 연결되어 언급된다(마 14:2; 막 12:23-27; 눅 9:8; 20:37-38). 특별히 죽음 이후의 삶에 대한 표상과 초기 기독교 공동체의 부활에 대한 경험은 그리스도인으로 하여금 죽음으로부터 부활로 눈을 돌리게 하는 계기가 되었다. 따라서 죽음은 이제 좋은 소식의 근원으로서 인간에게 있어서 기쁨의 소식으로 변한 것이다. 물론 기본적으로 모든 사람은 허물과 죄로 죽을 수밖에 없는 본질상 진노의 자녀로서 죄 아래에 있으므로(롬 3:23-24; 엡 2:1-3) 죽음은 우주적 권력으로 인간에게 다가온다. 죽음은 단지 원죄에만 속한 것이 아니라, 개인적인 죄에도 해당되는 것으로서 성경에서 말하는 죽음이란 생물학적인 것이라기 보다는 영적인 차원의 죽음을 의미한다.

그러나 예수 그리스도를 통한 죽음으로부터의 해방으로 인하여 죽음은 기쁨의 근원이 되었다(롬 5:21; 고전 15:50-58; 빌 2:5-11). 첫 사람 아담 한 사람으로 인해 이 세상에 죽음이 들어온 것처럼 예수 그리스도 한 분으로 인해 부활이 가능해졌다(고전 15:21-22). 이제 그리스도인의 삶은 죽음으로 끝나는 것이 아니라, 죽음의 극복과 부활을 통해 생명의 승리로 나아가는 것이다.

따라서 죽음은 부활의 전제가 되었다. 인간의 죽음은 예수 그리스도로 인해 극복되었고, 그 부활의 의미 안에서 변화되었다. 죽음에 대한 예수 그리스도의 십자가 대속과 부활의 승리로 인하여 하나님과 인간의 단절은 더 이상 존재하지 않게 되었다. 이제 그리스도인에게 있어서 죽음은 하나님 나라의 영원한 삶으로 인도하는 하나의 교량으로 기능한다. 미래(부활)에 대한 확신은 감당할 길 없는, 고통스러운 현재를 위한 위로의 기능을 제공한다. 부활은 죽음에 대한 속죄와 해방인 새로운 생명을 의미하기 때문이다(롬 6:4).

3. 죽음에 대한 인식

1) 죽음의 정의

죽음은 생물학적으로는 뇌와 심장 등 신체의 기능이 정지한 것을 의미한다. 특히 인체의 뇌, 심장, 폐는 생명유지에 직접적인 기능을 수행하므로 이의 기능을 중심으로 삶과 죽음을 구분한다. 임종이 가까워지면 나타나는 신체의 증상들은 다음과 같다(최준식, 2013, 97-99). 우선 소변의 양이 줄어들고 호흡이 줄어든다. 신장 기능의 저하로 소변의 양이 줄고 농축되어 진한 색을 띠며, 심장과 폐의 기능 역시 떨어져서 호흡이 불규칙적이며 몇 초 동안 숨을 쉬지 못하다가 깊은 숨을 거칠게 몰아쉬게 된다. 뇌의 기능이 떨어지면 체온이 불규칙하게 높아졌다가 낮아졌다가를 반복하며, 체내의 순환체계 기능이 저하되어 혈액순환이 잘 안 되기 때문에 피부색이 부분적으로 검게 되거나 퍼렇게 될 수도 있다.

죽음에 대한 인식은 개인이 속한 사회, 문화에 따라 다르고, 종교, 철학, 성별, 건강상태 등 개인의 특성에 따라 다르게 나타나므로 획일적으로 정의하는 것이 어렵다. 하지만 일반적으로 죽음은 발달수준과 관련되며, 따라서 죽음은 인간의 출생부터 시작되고, 그 개념은 복합적이며 일생동안 계속해서 변화한다(Kastenbaum, 2000). 마틴 하이데거(Martin Heidegger, 1993)는 현 존재로서의 인간을 "죽음에로의 존재"로 규정하며, 인간은 죽음을 떠날 수 없다고 주장하였다.

2) 웰빙(Well-being) vs 웰다잉(well-dying)

일상에서 발생하는 많은 일들은 언제든지 반복되는 과정으로 새롭게 웰빙으로 변화시킬 수 있는 가능성이 있다. 그러나 웰다잉은 돌이킬 수 없는 것으로, 인생에 있어서 한 번 뿐인 과정이므로 그 중요성이 더욱 부각된다. 인간의 삶 전체를 발달의 과정으로 볼 때에, 최종 단계는 죽음이므로 또한 중요하다. 결혼식, 생일축하를 위한 회갑, 고희연 등의 행사에는 장례식만큼의 엄숙함은 없다. 장례식에 참여하는 모든 이들이 한 번도 경험해 보지 못한, 그러나 누구도 피할 수 없는 순간을 맞이하기 때문이다. 그러므로 임종을 맞이하는 순간에는 가급적 많은 사람들과 함께 할 수 있는 안정적인 환경이 필요하다. 또한 임종에 참가하여 죽음을 곁에서 지켜보는 경험은 인생의 마지막 국면을 헤쳐나가는데 큰 도움이 된다(Schrf, 2007). 그러한 경험은 웰다잉을 위한 웰빙을 가능케 하는 것이다. 웰빙은 결국 웰다잉을 위한 여정인 것이다.

3) 죽음에 대한 태도

죽음에 대한 정의는 다양하지만, 죽음을 받아들이는 태도에 따라 그 가치가 결정된다. 죽음을 받아들이는 태도는 크게 분류하면 불안, 부정, 공포 등의 회피적 태도와 자신의 죽음에 대한 전망을 의식하고 그 결과들을 긍정적으로 수용하는 수용적 태도로 나눌 수 있다. 죽음에 대한 불안과 공포를 구성하는 요소들은 개인적 성숙이나 사용가능한 대처기술의 종류, 종교성향, 연령, 사회적 지위, 문화적 맥락 등에 따라 다르게 나타난다. 자녀의 독립, 은퇴, 배우자 사망 등의 가족환경적 요인, 체력, 활동성 감퇴, 대인관계 축소 등의 신체적 요인, 그리고 노화의 자각 및 대처와 관련한 심리적 요인이 복합적으로 작용하여 죽음에 대한 태도를 결정하는 것이다.

미국의 심리학자 엘리자베스 퀴블러로스(Elisabeth Kübler-Ross, 1969)는 200명의 불치병 환자를 대상으로 실시한 심층 인터뷰를 통해 죽음에 대한 5단계의 정서반응을 발견하였다.

첫 번째 단계는, 죽음에 직면한 환자가 부정과 고립(denial and isolation)

이라는 방어기제가 작용하는 단계로서, 자신의 죽음을 부정하고 잘못된 진단으로 간주하는 모습을 보인다.

두 번째 단계는 분노(anger)의 단계로서, 왜 자신에게 이런 일이 일어나느냐고 분개한다.

세 번째 단계는 타협(bargaining)의 단계로서, 환자는 죽음이 연기될 수 있다는 희망을 가지고 타인에 대해 개방적이고 협조적 모습을 보인다.

네번째는 우울(depression)의 단계로서, 이제 더 이상 죽음을 부인하지 못하고 극도의 상실감으로 우울상태에 빠지는 모습을 보인다.

마지막 단계는 수용(acceptance) 단계로서, 이 시기에 이르면 환자는 자신의 죽음의 운명을 받아들이고 감정의 공백과 휴식을 갖게 된다.

파크스(Parkes, 1972)는 이에 더하여 불신(disbelief), 질투(jealousy), 슬픔(sorrow), 고독(loneliness)을 더했고, 냉담(apathy), 우려(apprehension), 예측(anticipation), 안도(relief) 등을 더하는 견해도 있지만 중요한 것은 죽음을 앞둔 개인이 그에 대하여 정서적 반응을 보인다는 것이다(McCall, 1999). 그러한 정서적 반응에 대하여 영적인 돌봄을 제공하는 것이 교회 공동체가 할 일이다.

4) 죽음에 대한 인식

죽음에 대한 인식은 연령에 따라 다르게 나타나는데, 노인들이 젊은사람들보다 수용적이라는 연구와(서혜경, 1987), 노인들이 죽음에 대해 더 불안하다는 연구결과(김태현, 손양숙, 1984), 그리고 연령과 죽음에 대한 인식 사이에는 아무런 상관관계가 없다는 견해가 팽팽히 맞서고 있다(김심복, 1999; 윤여정, 2000). 성별에 따른 죽음에 대한 태도에 있어서도 여성이 타인에 대한 슬픔과 임종의 고통에 더 많은 관심을 갖으므로 더 불안하다는 의견과(김인자, 1984; 서혜경, 1987), 남성은 사후의 처벌, 현세적 개인적 성취에 관심을 두므로 죽음을 더 두려워한다는 의견(김태현, 손양숙, 1984; 김혜련, 1991), 그리고 성별과 죽음에 대한 견해에는 아무런 차이가 없다는 주장(윤여정, 2000)이 엇갈린다.

종교와 죽음에 대한 인식 사이의 관계에 대하여도 신앙을 가진 사람이 덜 불안하다는 주장(한영란, 2007), 신앙을 가진 사람이 더 불안하다는 주장(안희만, 1989), 그리고 죽음에 대한 생각과 태도는 신앙과는 상관이 없다는(이민아 외, 2010) 주장으로 갈리고 있다. 한편, 종교성과 죽음에 대한 공포는 곡선 관계를 보여서 매우 종교적인 사람은 가장 죽음에 대한 공포가 적고, 비종교적인 사람은 중간 정도의 공포를 가지며, 중간 수준의 종교성을 가진 사람이 가장 죽음을 두려워한다는 연구(Harris and Cole, 1980; Koenig, 1995)는 제대로 신앙을 가지지 못하면 오히려 불안할 수 있음을 시사한다.

배우자의 임종 직전의 중병을 감당하는 것은 남녀 모두에게 매우 어려운 영적 위기의 상황이다. 그러나 여성들은 종종 배우자에 대한 케어기버의 역할을 수행하고, 남편의 죽음 이후에도 가족과 사회적 관계망을 통해 슬픔을 해소하곤 한다. 다만 남편과 사별한 이후에 여성들은 재정적인 어려움에 직면하는 경우가 많다(Rando, 1984). 하지만 남성들의 경우 어떤 방법으로 슬픔의 감정을 처리할지 모르기 때문에 어려움을 겪는다. 남성들은 감정을 드러내지 않는 것을 강조받는 양육과 사회적 기대로 인하여 도움을 청하지 않기 때문에 남성 노인의 자살률은 가장 높은 편이다

(Newuger, 2003). 임종 직전에도, 특히 시설에 입소한 경우에도 여성들은 자신의 필요와 감정들을 더 잘 풀어내는 경향이 있지만 남성들의 경우는 감정은 물론 영적인 욕구를 표현하는 데에도 수동적이다.

4. 죽음교육

1) 죽음교육이란?

죽음교육(death education)[1] 또는 죽음준비교육(education for death)이란 죽음, 죽음의 과정, 사별과 관련된 모든 측면의 교육을 포함하는 것으로 죽음과 관련된 주제에 대한 지식, 태도, 기술이 학습되는 과정을 뜻하며(Warren, 1989), 죽음준비와 관련한 교육과 상담을 포괄하는 개념이다. 죽음교육의 목적은 교육 참가자로 하여금 죽음의 참된 의미를 가르치고, 죽음에 대한 바른 태도를 갖게 함으로써 삶을 더욱 건전하게 살아가도록 돕는 것이다(이기숙, 2001). 죽음교육은 개인에게 죽음 관련 정보를 제공함으로써 삶을 풍요롭게 하고, 사회에서 시민으로서 바람직한 공적 역할을 준비시키는 기능을 수행한다(Corr, 2000).

---

[1] 죽음은 신학, 철학, 사회학, 종교학, 심리학, 의학, 간호학, 사회복지학 등 여러 학문분야의 협력이 요구되는 다학문적 특성을 지니며, 이에 대한 연구는 죽음학(thanatology)이라는 학문으로 정립되어 있다. 죽음교육은 죽음에 대한 교육적 접근으로 죽음과 임종, 그리고 죽음과 삶의 관계에 관한 요인들을 조명하는 분야이다.

2) 외국의 죽음교육

미국의 경우 1963년에 미네소타대학교(University of Minnesota)의 로버트 풀턴(Robert Fulton) 교수가 "죽음의 준비 과정"이라는 과목을 개설하여 운영한 것이 죽음교육의 시초이다. 이후 1966년, 죽음준비교육에 관한 학술잡지인 「오메가」(*OMEGA: Journal of Death and Dying*)[2]를 창설하였고, 1970년대 이후 20여 개의 대학에서 죽음교육과 관련한 과목들을 개설하였다. 오늘날에는 초 · 중 · 고등학교 수준까지 죽음준비교육을 확대하여 실시하고 있다.

독일은 기독교의 다양한 교회행사를 통해서 수세기를 이어온 죽음교육의 전통이 있는데 특히 음악, 미술, 문학 등을 활용하고 있다. 모짜르트, 브람스, 슐츠 등의 "사자를 위한 미사곡" 등 죽음을 모티브로 한 작품들이 대표적인 예가 된다. 오늘날 독일은 국공립 중 · 고등학교에서 매주 2시간의 자발적으로 참여하는 종교수업이 있는데, 종교교육의 내에서 죽음교육을 진행하고 있다.

일본은 독일계 귀화인인 알폰스 디켄(Alfons Deeken) 교수가 "일본 삶과 죽음을 생각하는 회"를 1982년에 창설하여 말기환자의 간호 개선과 호스피스 프로그램 발전을 위한 연구, 사별한 사람들을 위한 상호적 지지에 기반한 그룹지도를 목표로 운영하며, 자신이 교수로 재직하는 상지대학에서 죽음교육을 실시한다. 2003년부터는 시민들이 비영리활동법인으로 설립한 비바체(Vivace)가 창립되어 학교 또는 지역사회의 죽음교

---

[2] 오메가(Ωμέγα)란 헬라어 알파벳의 마지막 글자로서 인생의 마지막인 죽음을 형상화한다.

육 수업을 위해 세미나를 개최하거나 강사를 파견하고 있다.

3) 우리나라의 죽음교육(대학)

우리나라의 죽음교육은 1978년 서강대에서 "죽음에 관한 강의"라는 교양강좌의 교과명으로서 최초로 개설되었다. 이후 1996년부터는 "죽음에 관한 심리적 이해"로 변경되어 진행되고 있다. 1987년 덕성여대 평생교육원에서도 "죽음의 철학"이라는 제목으로 과목이 개설되었으나 1999년에 이르러 수강생 부족으로 폐강되었다. 1996년 고려대 최고위 교육문화 과정에서 "삶의 정리와 교육"이라는 제목으로도 개설되었었고, 한림대 생사학(生死學) 연구소 부설, "웰다잉 교육센터"에서 자살방지 프로그램으로서 웰다잉 전문 과정을 운영하고 있고, 1997년 이후로는 철학과의 전공과 교양과목으로 포함하여 죽음교육을 운영한다.

4) 우리나라의 죽음교육(종교기관)

종교기관에서 운영하는 죽음교육으로는 행복발전소 하이패밀리(www.hifamily.net, 구 기독교가정사역연구소)의 "천국준비교실"이 대표적인데, 유언장 작성, 가족용서하기, 유산정리하기, 장기기증, 영정사진 찍기 등의 교육을 시행한다. 각 교회 수준에서도 다양한 형태와 방법으로 죽음교육을 실시하고 있다. 불교는 재단법인 정토사관자재회에서 한국불교 호스피스협회와 연계하여 "정토마을 호스피스"를 운영하며 죽음교육을 시행하는 한편, 전문상담가를 양성하고 있다. 기독교의 교회들과 마찬가지로 각 사찰 수준에서도 죽음교육을 시행하는데 일례로 봉은사는 매주 화요일, "웰다잉 체험교실"을 운영하고 있다.

하나님께서 한 영혼을 구원하시기 위하여 독생자를 보내신 사실을 돌아본다면 타종교의 죽음교육도 참고하여 교회의 죽음교육 프로그램을 개선하는 데에 활용할 수 있다.[3] 현재 각 종교단체에서 진행하는 죽음교육은 기본적인 삶과 죽음의 의미를 전달하고, 이에 종교적 색채를 가미하는 정도로 진행되고 있다. 기독교에서는 향후, 보다 심도 있는 연구와 노력을 바탕으로 하나님의 진리와 복음의 원리를 가미한 프로그램을 개발해 나가야 할 것이다.

5) 우리나라의 죽음교육(복지기관)

사회복지법인인 각당복지재단이 1991년 3월 설립한 "삶과 죽음을 생각하는 회"(www.kadec.or.kr)는 죽음의 철학, 죽음준비교육의 필요성 관련 세미나와 강연회를 개최하고 죽음과 죽음교육 관련 세미나와 공개강좌를 실시한다. 또한 「삶과 죽음」이라는 회지를 발간하고, 슬픔치유 소그룹상담, 호스피스교육, 죽음준비 지도자 양성 과정 등을 운영하고 있다. 이외에도 아름다운 재단(www.beautifulfund.org)은 "아름다운 이별학교"

---

[3] 롬 2:1-16에 의하면 하나님을 모르는 이방인들은 일반계시의 차원에서 마음에 새긴 율법인 양심으로 심판을 받고, 율법을 받은 유대인들은 율법에 의해 심판을 받는다. 하나님의 독생자 예수 그리스도 이후 시대의 모든 사람들은 예수님을 주님(그리스도)으로 믿어야만 심판대 앞에서 구원을 얻는다(요 14:6; 행 4:12; 16:31; 롬 10:13). 그러므로 타종교의 죽음교육을 참고하되 그리스도를 드러내는 방법으로 기독교의 죽음교육을 운영하며 영혼 구원의 사명을 위해 노력해야 할 것이다.

프로그램을 통해 죽음 바라보기, 유산과 세금교육, 유언장교육 등을 시행하였고, 현재는 건강영역사업에서 노인 낙상예방 보조기구 지원사업, 이른둥이 입원치료비 지원사업, 이른둥이 재활치료비 지원사업, 안전영역사업에서는 홀로 사는 어르신 생계비 지원사업 등, 전생애를 기준으로 보다 포괄적인 차원에서 사업을 전개하고 있다.

효원상조가 운영하는 효원힐링센터(www.hwhealing.com)는 약 2시간 과정의 무료임종체험을 제공하는데, 영정사진을 촬영, 임종체험 강의 수강, 수의착용 및 유서작성, 입관체험 등의 과정으로 진행된다. 또한 최근에는 시립, 구립 복지관에서도 임종체험학교를 운영하고 있다. 효원힐링센터의 임종체험 프로그램은 저승계단을 거치는 등, 복지기관이 제공하는 죽음교육은 우리나라의 전통적 토속신앙의 잔재를 반영하므로 기독교적 시각으로 걸러서 받아들여야 한다.

6) 일생 이야기 프로젝트(The Life Story Project)

라르쉬 공동체(L'Arche Community)는 1964년, 토론토 성 마이클대학(St. Michael's College) 철학 교수 출신의 장 바니에(Jean Vanier)가 두 명의 정신지체 장애인과 북프랑스의 한 농가에서 함께 삶으로써 시작되었다. "라르쉬"란 불어로 "(노아의) 방주"라는 뜻으로서 바니에는 지적 장애인들도 관계를 맺을 수 있는 역량을 충분히 보유하고 있음을 깨닫고 그들에게 노아의 방주와 같은 구원의 공동체를 만들어 그들을 섬기기를 원했다. 1980년대 중반에 라르쉬 공동체는 소외된 노인들을 돕기 위해 노인 프로그램을 설립하였는데, 가장 초기의 프로그램은 캐나다 토론토의

데이브레이크 공동체(Daybreak Community)에서 시작된 "씨니어 클럽"(The Seniors Club)이다.

씨니어 클럽의 다양한 프로젝트 중에서 "일생 이야기 프로젝트"라는 것이 있는데, 이는 특정한 노인 개인의 삶을 한 권의 책으로 만들어 담기 위해 가족과 친지 등을 만나 인터뷰를 하고, 사진과 기록물들을 모으는 것이다. 교회는 일생의 삶을 하나님 나라와 그리스도의 복음 전파를 위해 살아온 수많은 이들의 풍성한 일생 이야기를 보유하고 있다. 거창한 업적이 아니더라도 자녀들을 헌신적으로 양육하고 그리스도의 몸 된 교회를 섬기는 일을 수행함으로써 자신의 가정과 교회에 주어진 책임을 다한, 작은 일에 충성한, 주님 앞에 위대한 노인들의 인생을 이야기와 사진, 자료 등으로 담는다면 소중한 신앙의 자산으로 삼을 수 있을 것이다.

# 11장

삶과 죽음의 윤리

2016년 9월에 통계청(www.kostat.go.kr)이 발표한 2015년 한국인의 사망원인통계에 의하면 사망자의 40.8%가 80세 이상의 노인이었다. 전체 사망의 70.1%를 차지하는 10대 사망원인은 악성신생물(암), 심장 질환, 뇌혈관 질환, 폐렴, 고의적 자해(자살), 당뇨병, 만성 하기도 질환, 간 질환, 운수사고(교통사고), 고혈압성 질환의 순이다. 60대 이상의 사망원인은 공히 악성 신생물(암), 심장 질환, 뇌혈관 질환의 순이었다. 연령별 사망률(인구 10만명당)이 가장 높은 암은 10대는 뇌암(0.6명), 20대 백혈병(0.9명), 30대는 위암이며(2.7명), 40대와 50대는 간암(40대 9.4명, 50대 31.0명)이었다.

60대 이상은 폐암이 가장 높은 사망의 원인이었는데, 구체적으로 살펴보면 60대는 폐암(79.8명), 간암(57.6명), 대장암(32.3명)의 순이고, 70대는 폐암(220.0명), 간암(103.3명), 대장암(83.9명), 그리고 80대 이상은 폐암(335.7명), 대장암(200.3명), 위암(187.6명)의 순이었다. 청장년 때에는 위암, 장년기에는 과로로 인한 간암, 그리고 이후에는 노화에 따라 숨을 쉬는 기능인 폐 기능의 저하로 인하여 사망하는 것이다. 단순히 생명을 연장하여 오래 사는 것이 중요한 것이 아니라 건강한 육체와 정신을 가지고 인생의 의미를 실현하는 데에 더 큰 의의가 있다. 따라서 삶과 죽음과 관련하여 윤리적 시각을 갖추는 것은 중요한 노년의 과제이다.

1. 만성질환자에 대한 돌봄의 윤리

1) 만성질병의 윤리적 문제들

노화에 따른 만성질병과 가족의 부담, 의료비용 등은 고령화로 인한 사회적 문제를 유발한다. 또한 스스로 독립적인 생활을 영위할 수 없는 경우에 요양소 등 시설에 입소하게 되는데 "요양소"라는 개념이 그리 노인들에게나 그 가족들에게 긍정적이지 못하다. 요양소 입소 결정은 대개 환자가 거동이나, 대소변의 용변처리를 못하고, 정신적으로 안정적이지 못하며, 주위에 도움을 제공할 가족, 친지들의 여력이 부족할 때에 내린다. 또한 현 거주지에서 생활할 경우, 위험에 노출되어 건강이 악화될 확률이 높을 때에도 시설 입소를 결정한다. 그러나 장기치료 비용의 지불과 관련하여 본인, 가족, 친지, 교회, 국가 중에서 누가 치료비를 지불할 것인가 하는 문제가 대두된다. 이는 선행과 공정성의 문제로서 장기치료는 기본권에 속하는 것인지 특권에 속하는 것인지를 묻는 질문이다. 시설 입소가 필요한 노인을 위해 선의로 지속적인 치료비를 지불할 것인가, 아니면 공평성의 측면을 고려하여 다른 사람들을 위해 사용할 여분을 남겨두고 어느 정도의 한도 내에서만 지불할 것인가 하는 문제인 것이다.

환자에게는 삶의 질에 대하여 자율적인 선택을 할 수 있는 권리가 있다. 기본적으로는 치료결정권이 부여되어 있다. 자신의 질병에 대한 치료법과 생명 연장의 수단 사용에 대한 결정권을 환자가 보유하고 있는 것이다. 수술시, 심장발작 등의 제2의 위험 상황이 발생할 경우, 소생술의 사용여부를 결정하는 것은 물론, 수술 후에 신체에 무리를 주는 항생제를 사용할지 여부도 결정해야 하는데, 결정의 주체는 환자 본인뿐만 아니라 환자의 가족, 의료진, 대리인, 국가와 보험회사 등 지불주체를 포함하여 복합적으로 얽혀있다.

또한 건망증과 관절염으로 낙상이 잦은 노인에 대하여 부드러운 벨트로 자리에 묶어놓자는 의료진과 노인 자신의 거부 사이에서도 결정이 요구된다. 그리고 시설에 입소한 다른 노인들에 대한 공정성의 보장을 위해 치매, 건망증 때문에 요양소 내의 다른 환자들의 방을 돌아다니며, 다른 이들의 음식물을 섭취하고 타인의 소유물을 가지고 가거나, 소음을 내고 다른 사람들에게 부적절한 친밀감을 나타내는 일을 하는 노인의 행동을 방지하기 위해 그(그녀)에게 제한을 가해야 하는지 여부도 종종 결정을 내려야 하는 사안으로 대두된다.

2) 만성질환자의 사례

김 권사(가명)는 8년 전, 유방암 수술을 받은 이후 쇠약해지기 시작하였다. 치매로 정신 기능이 저하되었고, 급기야 스스로 음식물을 섭취하지 못할 정도로 상태가 악화되어 간병인이 음식을 떠 먹여주어야 하는 처지가 되었다. 그로부터 1년 후, 김 권사는 액체 항생제로 열이 가라앉지 않을 때마다 입원해야 했으나, 아직 심각한 호흡 곤란을 유발하는 기관지의 손상은 없는 편이었다. 치매 기운이 사라지고, 정신이 온전해진 때에 검진을 받은 김 권사는 의사에게 더 이상 지금과 같은 상태로 살 수 없다고 하소연하였다.

고심하던 의사는 김 권사와 가족들에게 다음의 세 가지의 선택이 가능하다고 의견을 전달하였다.

첫째, 튜브를 통해 음식물을 공급하고 필요한 부수적인 의료 서비스를 제공하면 1~2년 정도 생명을 연장할 수 있다는 것이다. 이 경우 내년이면 치매 판정 10년째가 되며, 치매 증세는 나날이 악화되고 있는 실정을 고려할 때에 생명 연장 외에 다른 삶의 질 개선은 없는 것이다.

둘째, 튜브를 통해 음식물을 계속 공급하되, 몸에 무리를 주는 항생제 투여를 하지 않으면, 예상되는 다른 감염증세로 인하여 6개월 내에 죽음을 맞이하게 될 것이다.

셋째, 만약 튜브를 제거하고 영양공급을 중단한다면, 1~2주 이내에 사망하게 될 것이다. 현재 김 권사의 간호를 위하여 직장을 그만 둔 외동딸은 치료비로 인해 극심한 빚에 시달리고 있으며, 본인도 우울증을 겪고 있다.

아무런 소생의 희망이 없는 노인에게 튜브를 통해 음식물을 공급하며 생명을 단순히 연장하는 의료적 행위가 옳은 것인지, 치료행위를 중단하고 진통제를 투여하여 단시일 내에 죽음을 맞이하게 하는 것이 더 인간적인 것인가 하는 것에 대해 윤리적 질문을 던지고 있는 본 사례는 흔히 마주칠 수 있는 일상적인 사례이다.

또한 비용과 기능을 중심으로 하는 인간관과 존재의 존엄성 사이에서 결정을 요구하는 사례도 있다. 예를 들면 영구적 식물인간 상태(PVS: Persistent Vegetative State)에 있는 환자에 대하여 그러한 상태는 완전한 회복이 불가능하므로, 튜브를 통한 영양 공급의 중단이 필요하다는 주장과 일반적인 신경학적 손상이나, 신체장애에도 불구하고, 인간의 존엄성을 고려하여 환자에게 음식물을 지속적으로 공급해야 한다는 주장이 엇갈린다. 이에 대하여는 하나님의 형상으로 창조된 생명에 대한 존엄성의 시각을 견지하되, 각각의 사례에 대하여 거시적인 성경의 시각으로 개별적으로 검토하는 지혜로운 접근이 필요할 것이다.

3) 기독교 윤리적 가치 판단

대부분의 생명 가치 판단은 본질적으로 매우 주관적이다. 따라서 영양 공급을 중단하려는 결정이 오로지 생명의 기능적 가치만을 고려한 가운데 이루어져서는 안 된다. 성경은 힘이 없고, 무고한 자들을 돌볼 것을 가르치며, 그들을 먹이고(신 14:29; 욥 22:9), 보호하며, 변호해야 한다는(사 1:17) 원칙을 강조하기 때문이다. 그러나 가치 판단과 선택에 있어서 쉬운 해답은 없으며, 선한 양심을 가진 신앙인들도 튜브에 의한 영양 공급에 대하여는 이견이 있다. 복잡하게 여러 가지 요소들이 얽혀 있는 실존의 삶에는 정답이란 것이 없기 때문에 충분히 성경적 원리들을 숙고한 이후에, 하나님 앞에서 자신이 떳떳하게 옳다고 생각하는 대

로 결정하는 것이 대안적 선택이다.[1]

반면에 창조주를 인식한다는 것이 모든 인간이 가능한 모든 의술과 기술을 사용하여 치료되어야 한다는 것을 의미하지는 않는다. 기독교윤리에 있어서 소위 "황금률"이라는 "무엇이든지 남에게 대접을 받고자 하는 대로 너희도 남을 대접하라"(마 7:12)는 가르침을 따라 만성질환을 앓으며 고통을 당하는 노인 자신의 입장을 먼저 고려해야 한다. 그러나 기본적인 돌봄에 대한 가르침은 명확하다.

> 누구든지 자기 친족, 특히 자기 가족을 돌아보지 아니하면 믿음을 배반한 자요, 불신자보다 더 악한 자니라(딤전 5:8).

또한 "나를 늙은 때에 버리지 마시며, 내 힘이 쇠약한 때에 떠나지 마소서"(시 71:9)라는 말씀 역시 늙고 연약한 이를 돌보아야 한다는 기본적인 사회적 책임을 강조하고 있다.

---

[1] 우리나라 목회현장의 기독교 윤리의 질문에는 음주와 관련한 내용이 있다. 성경은 음주에 대하여 긍정적인 견해와 부정적인 견해를 모두 포함하고 있다. 오히려 한국교회가 음주를 금하는 것은 잘못된 음주문화를 바로잡기 위한 교회의 전통과 관련이 있다. 한국교회는 선교 초기에 복음을 받아들이며 경건한 삶을 살도록 하기 위해 술과 담배를 금지하였다. 이것은 한국교회가 가꾸어 온 귀한 전통이 되었지만, 그럼에도 불구하고 개개인의 자유를 제한할 수는 없다. 하지만 교회와 성도의 덕을 세우기 위해 이러한 자유를 유보할 수도 있는 것이 성숙한 신앙인의 자세일 것이다. 반대로 자신이 음주를 죄라고 느끼며 꺼림직한 마음으로 술을 마시는 것은 진실로 죄가 되어 하나님과 개인의 관계를 가로막는다. 자세한 내용은 "최성훈, 『성경가이드: 개인 성경공부에서 소그룹 인도까지』(서울: CLC, 2016)" 11장 소그룹과 교회생활을 참조하라.

2. 안락사 논쟁

1) 안락사의 개념

안락사(安樂死)의 어원은 헬라어 "유타나시아"(ευθανασία)로서 영어로는 "euthanasia"이다. "유"(eu)는 "좋은"이라는 뜻이고, "타나토스"(thanatos)는 죽음이라는 뜻이므로 이를 합치면 "편안한 죽음"이라는 의미이다. 안락사는 고대사회에서부터 시행되어 왔는데, 한정된 식량 때문에 행해지기도 하고, 고대 로마에서는 기형아를 출생하면 즉시 죽일 것을 법률로 허가하였으며, 고대 스파르타나 게르만족 사회에서는 전쟁 수행능력이 떨어지는 기형아나 저능아를 굶겨 죽였다. 하지만 기독교가 전파된 이후에는 생명은 하나님께서 주시는 고귀한 것으로 인식되며 안락사는 살인과 같은 것으로 취급되어 금지되었다. 그러나 근대에 들어서 죽음의 고통으로부터 해방될 인간의 권리를 주장하는 목소리가 힘을 얻기 시작하며 안락사에 대한 논쟁이 뜨겁게 일고 있는 실정이다.

안락사는 크게 분류하면 의도적인 치명적 행위에 의해 직접적 죽음을 야기하는 "적극적 안락사"와 치료를 중단하거나 보류함으로써 환자가 자연사하도록 방치하는 "소극적 안락사"로 나눌 수 있다. "적극적 안락사"는 그 성격상 행위자가 생명주체의 생명을 단축시킬 것을 목적으로 시행하는 작위적 안락사에 해당한다. 이외에도 인내하기 힘든 고통이 진정될 가능성이 없을 때에 고통을 견디는 것이 일상의 전부인 상태에서는 생존이 무의미하다고 보고 생명을 단축시키는 반고통사로 행해지는 "자비적 안락사," 의식이 없는 인간 생명은 무의미한 생존이므로 이를 거부하여 인격의 존엄성을 지키기 위함을 주장하는 "존엄적 안락사" 등이 있다(오윤표, 2008).

"죽음의 의사"(Dr. Death)로 알려진 미시건대학교 의과대학(University of Michigan Medical School) 출신 잭 케보키언(Jack Kevorkian)은 1980년대부터 환자의 죽을 권리를 주장하며 9년간 130여 명의 안락사를 도왔다. 그는 1998년 11월 17일, 52세 남성 토마스 육(Thomas Youk)의 의사에 따라 독약을 주사하였는데, 이 때문에 2급 살인죄로 25년형 선고를 받고 수감되었다가 8년 2개월 만에 가석방되었다. 이로 인해 미국에서는 안락사에 대한 주의가 환기되었는데 안락사의 권리를 인정한 규칙은 장기간 혼수상태에서 회복이 불가능한 유아, 치료가 단지 생명을 연장하기 위한 수단에 불과한 경우, 치료로 인한 소생의 가망이 없고 오히려 치료 과정에서 비인도적 고통이 발생하는 경우에 안락사의 권리를 인정한다.

지난 2009년 김수환 추기경의 사망시에도 "존엄사냐 안락사냐" 하는 논란이 야기되었다. 김수환 추기경은 인공호흡기를 애초부터 거부했는데, 가톨릭교회는 이는 인공호흡기 등 생명연장장치를 사용 중에 거부한 것과는 구분된다며 이를 옹호했다. 가톨릭교회에 의하면 존엄사는 환자의 고통이 그리 문제되지 않는다. 이는 환자 자신이 의식불명으로 인해 자기결정권을 행사할 수 없을 때, 소생 가능성이 없는 혼수상태나 뇌사상태의 환자가 품위있게 죽을 수 있도록 생명유지 장치를 제거해 생명을 단축시키는 행위이고, 일반적 의미의 안락사는 불치병에 걸려 죽음의 단계에 들어선 환자의 고통을 덜어주기 위해 그 환자를 죽게 하는 것이다. 이 경우에 실제적으로는 존엄사는 소극적 안락사에 해당하고 일반적인 안락사는 적극적 안락사에 해당하는 것이다.

안락사와 관련한 윤리적 갈등에는 자기결정성과 생명의 존엄성이라는 문제가 핵심에 있다. 자기결정성이란 존엄적 죽음을 위한 개인의 죽을 권리를 강조한 것이다. 때로는 최대 다수의 최대 행복이라는 사회적 목적 실현을 위해 환자가 자신의 가족의 재산이나 국가 공공 기금을 탕진하는 경우 죽을 권리는 일종의 죽을 의무로 대체되는데, 성경이 강조하는 생명의 존엄성과 절대적 가치는 이같은 일을 금지한다. 일례로 십계명의 제6계명인 "살인하지 말라"는 계명은 인간의 생명이란 주권자되신 하나님의 선물이므로 생명에 대한 결정권은 하나님만 소유한다는 것을 강조하는 셈이다.

2) 외국의 안락사 사례

네델란드는 지난 2001년, 세계 최초로 안락사 법안을 통과시켜서 2002년부터 합법화하였는데, 2013년 12월에는 미성년자 안락사 법안도 통과되었다. 12~15세는 부모동의를 필요로 하지만, 16세 이상은 부모에게 통보하기만 하면 된다. 안락사는 반드시 자발적 의지에 기인한 것이어야 하며, 환자는 예측이 불가능한 받아들이기 어려운 고통을 겪음으로써 더 이상 견딜 수 없는 상태이어야 한다. 또한 반드시 의료진의 토의를 거쳐서 의학적으로, 약리학적으로 정당한 방법을 통해 실행되어야 하며, 사망진단서에 안락사에 의한 사망임을 명시해야 한다.

뒤를 이어 벨기에, 룩셈부르크, 스위스, 콜롬비아, 그리고 2016년 1월에는 프랑스, 6월에는 캐나다가 안락사 허용법안을 통과시켰다. 미국의 독립선언문에는 생명, 자유, 행복 추구 등이 양도할 수 없는 인간의 권리들로 명시되었다. 안락사를 찬성하는 측에서는 고통의 해소가 자유, 생명보다 상위개념이라 주장한다. 미국에서는 오리건, 워싱턴, 몬태나, 버몬트, 뉴멕시코에 이어 캘리포니아가 2015년 9월 안락사를 허용하는 10년 한시 법안을 가결시켰다.

국가명	적극적 안락사	조력자살 (의사약물처방)	소극적 안락사
네덜란드	O 12세 이상 허용	O	O
벨기에	O 전 연령 허용	O	O
캐나다	O 18세 이상 불치병 환자에게 허용	O 정신장애 환자 제외	O
미국	오리건, 워싱턴, 몬태나, 버몬트, 뉴멕시코, 캘리포니아	오리건, 워싱턴, 몬태나, 버몬트, 뉴멕시코, 캘리포니아	O
스위스	X	O 외국인 허용	O
룩셈부르크	O 환자 상태를 고려하여 허용	X	O
프랑스	O	X	O
콜롬비아	O	X	O

[표1. 국가별 안락사 허용현황]

안락사를 허용한다 해도 이에 대한 남용, 오류, 강요 등은 철저히 감독되어야 한다. 환자의 요청에 의해 생명을 거두는 것이 권리로서 고려되면, 치매환자나 혼수상태에 빠진 환자들에 대한 요청이 용이해져서 안락사의 남용이 경계된다. 진단의 오류 등 의학 자체의 불확실성으로 인해 누군가를 불필요하게 죽이게 될 것, 노인, 신체장애자, 중증환자들은 안락사라는 법적 선택을 요구하라는 교묘한 압력에 노출되는 우회적 강요도 지양되어야 한다. 의학계의 주류 입장은 "나는 그 누구에게도 극약을 주지 않을 것은 물론, 극약을 달라는 요청이 있어도 공급하지 않을 것이다"라는 히포크라테스 선서를 따르는 것이다. 미국의약협회(American Medical Association, www.ama-assn.org)도 "다른 사람에 의해 한 사람의 생명을 의도적으로 종결시키는 것은 의료전문인들이 맞서 싸우는 명분에 위배되며, 또한 AMA의 정책과도 위배된다"고 명시하고 있다.

3) 우리나라의 안락사

우리나라의 경우 2016년에 소극적 의미의 안락사 법안을 통과하여 2018년부터 불치병 환자들이 산소호흡기를 떼는 등 치료를 중단할 권리를 갖게 되었다. 각당복지재단은 1991년 "삶과 죽음을 생각하는 회"를 설립하여 죽음에 대한 공개강좌와 세미나, 죽음준비 지도자 양성교육을 통하여 존엄사, 자기결정권, 사전의료의향서에 대한 교육을 지속적으로 펼쳐왔다. 2010년부터 보건복지부 지정 연세대 생명윤리위원회 등과 합동으로 사전의료의향서 표준서식 개발과 직접적인 배포, 서명을 이끌었고, 2012년 1월~7월 상담실을 운영하면서 전화상담과 방문상담을 하여 2013년 1월 현재 47,000여 부의 사전의료의향서를 배포하였다. 2016년 1월 8일 "호스피스·완화의료 및 임종 과정에 있는 환자의 연명의료결정에 관한 법률"의 국회 통과 이후 사전연명의료의향서 상담실 운영 재개를 위하여 재단 소속 웰다잉 전문강사들로 이루어진 상담봉사팀을 구성하였고, 전문적인 상담을 위한 봉사자 교육을 실시하는 한편, 2016년 7월 1일부터 공식적으로 사전연명의료의향서 작성을 돕기 위한 상담실을 운영하고 있다.

각당복지재단의 설명에 의하면 사전연명의료의향서는 평소 건강할 때 자신의 의료행위에 대한 의사(意思)를 미리 밝히는 것으로서 무의미한 연명의료로 고통당하지 않고, 인간으로서의 품위와 존엄을 유지할 수 있도록 돕는 문서이다. 1978년 영국에서 사상 최초로 시험관 아기가 태어났을 때 가톨릭을 비롯한 종교계에선 신의 섭리를 거스르는 행동이라며 극렬히 반대했지만 오늘날 시험관 아기시술을 반대하는 사람은 아무도 없다는 사실을 고려하여 소극적 안락사에 대하여 진지하게 고민해볼 필요가 있다.

3. 병원심방과 호스피스 사역

1) 병원심방의 기본 지침

병원심방에 있어서 필요한 기본적인 마음가짐은 다음과 같은 성경의 말씀을 가슴에 새기는 것이다.

즐거워하는 자들과 함께 즐거워하고 우는 자들과 함께 울라(롬 12:15).

　따라서 심방자는 환자에게 무엇을 제공하려고 노력할 필요가 없으며, 단순히 아픔을 함께 나누는 것이 가장 필요한 도움이라는 사실을 잊어서는 안 된다. 환자들은 홀로 병상에 누웠기 때문에 두려움과 불안에 시달리며, 의료진과 가족들에 둘러싸여 있어도 혼자만 고통을 느끼므로 항상 외로움을 느낀다. 따라서 짜증을 내고 불평을 하는 경우가 많은데 자신이 불공평하게 고통당하고 있다는 생각에 자신의 짜증과 불평이 주위 사람들에게 상처를 줄 수 있음을 인식하지 못하며, 의료진, 가족, 방문자에게 적대적 감정을 쉽게 드러낼 수 있음을 심방자는 인지하고 있어야 한다. 환자는 마음이 약해져서 평소의 자신감을 잃고 자신의 부족함과 허물을 생각하게 되며, 어른이라도 어린 아이처럼 쉽게 슬퍼하거나 짜증을 내는 등 미성숙한 태도를 쉽게 보인다. 또한 극심한 통증을 겪고 있지 않는 한 병상에 누우면 곧 무료함을 느끼며, 병상에서는 마음의 충격과 외로움 때문에 평상시 굳은 마음이 무너지고 마음이 열려 복음을 쉽게 받아들일 수 있다.
　병원이라는 현장의 특수성을 고려하여 종합적, 전문적 구조를 이해하고 받아들여야 하는데, 특히 병원의 운영방식이나 조직, 규칙(면회시간) 등을 준수해야 한다. 의료진의 진료 과정에 방해되지 않으며, 다른 환자들에게 피해가 되지 않도록 조심해야 하고, 위생을 위하여 불필요하게 또는 부주의하게 의료 기구나 환자에게서 적출된 물질을 만지거나, 수액 주사의 흐름을 조정하는 일은 절대로 해서는 안 된다. 또한 병실 침대에 걸터앉는 등의 행동도 삼가해야 하고, 심방 전후 반드시 손을 세정하여 청결을 유지해야 하며, 환자가 의사에게 갖는 신뢰감에 부정적 영향을 줄만한 언행도 하지 않는 것이 좋다.

심방 관련하여 미리 점검할 사항들은 우선 병명, 병의 상태, 회복 가능성, 통증 정도 등의 환자의 상태에 대한 숙지 및 심방 부담 여부이다. 면회시간을 점검하고 이에 맞추어 심방해야 하는데, 대부분의 병원들은 12~14시와 18~20시에 면회시간을 제공한다. 환자가 취침 중일 때에는 기다리거나, 간단히 메모를 남기고 자리를 뜨는 것이 좋으며, 환자에게 필요한 사항을 고려하여 말씀을 통한 위로와 격려와 함께 읽을거리, 꽃 등, 부차적인 방법을 가미하여야 한다. 심방 인원은 두, 세 명으로 제한하는 것이 바람직한데, 문병 의무감으로 인한 다수의 방문은 병실의 다른 환자들에 대하여도 큰 실례가 된다.

환자와의 대화와 기도가 가장 중요한데, 무엇보다 환자의 말을 잘 들어야 하며, 대화는 환자의 입장에서 시작하되, 더 이야기하고 싶어하는 부분은 간단한 질문을 통해 유도한다. 환자 내면의 갈등에 대하여 섣불리 신앙적인 답을 제공하려는 성급한 모습을 지양해야 하며, 질병에 대한 노골적인 걱정의 표현은 환자의 두려움과 불안만 가중시키므로 감정표현을 조심해야 한다. 환자 앞에서 귓속말을 하는 것은 환자 자신의 상태에 대한 불안과 염려를 야기하므로 이를 삼가해야 하며, 환자의 투병을 인정하고 다른 환자의 사례를 언급하지 말아야 한다. 병원에서 진행하는 진단과 치료에 관여하지 않으며, 병에 대하여만 물어봐야지 너무 시시콜콜히 물어보지 않는 것이 좋다. 심방 시 기도는 환자의 이름을 부르며, 간략히 요점을 중심으로 짧게 기도해야 하며, 기적적인 치유에 집중할 것이 아니라, 하나님의 뜻과 그리스도의 복음에 초점을 맞춘 기도이어야 할 것이다.

2) 호스피스 사역

안락사 운동에 대한 대안이 바로 호스피스 사역이다.[2] 교회는 죽음이 임박한 이를 끝까지 돌보며, 편안한 가운데 임종을 맞이할 수 있도록 돕는 호스피스 운동에 관심을 가지고 참여할 필요가 있다. 임종을 앞두고 심신이 약해져 있는 환자에게 번잡스럽고 안정되지 못한 입원실보다는 다정한 말벗이 되고, 진심으로 보살핌을 제공하는 훈련된 사람들이 봉사하는 호스피스 전문기관과 병동이 매우 절실히 요청된다. 원래 호스피스는 실버목회 프로그램의 일환으로 전개되었다.

"국제호스피스 및 말기환자 간병조직"(NHPCO: National Hospice and Palliative Care Organization)이 정의하는 호스피스란 임종환자와 가족의 신체적, 정신적, 사회적, 영적 간호를 제공하는 완화와 지지의 서비스를 의미한다. 이는 죽음을 하나의 지나가는 과정으로 받아들이고, 현재의 순간을 사랑하도록 돕는 것이다. 호스피스 사역을 통해 죽음을 앞둔 말기 환자들에게 현재가 있고, 죽음이 있고, 또한 그 죽음을 넘어선 영생이 있음을 증거하고, 자신들도 천국을 향한 믿음을 확신하게 된다.

호스피스 케어의 기본철학은 다음과 같다(Stoddard, 1978). 호스피스 조직이 타인을 헌신적으로 보살펴 주려는 목적으로 목회자, 의사, 간호사, 심리학자, 사회사업가, 음악치료가 등이 모인 집단이지만 의학 및 간호학의 보건 관계 전문가가 반드시 관여하여야 한다. 또한 환자뿐만 아니

---

2 호스피스는 "돌봄" 또는 "손님"이라는 의미를 가진 라틴어 "호스피티움"(hospitium)에서 유래하였다. 이는 죽음을 앞둔 사람과 그 가족들을 돌본다는 의미와 죽음의 과정에서 동행하는 손님이라는 의미를 지닌다.

라, 가족들에게도 동료의식과 사기를 북돋아 주는 역할을 수행해야 하며, 인종, 국적, 종교, 경제적 지위 등의 차별을 두지 않고, 호스피스 서비스를 제공해야 한다. 어느 특정 병원이나 양로원의 시책이 아니라, 호스피스 팀 자체의 독립적인 시책에 의해서 업무를 수행하는 하나의 가정으로서의 기능을 발휘하는 것이 바람직하다.

4. 삶과 죽음의 윤리

미국의 감리교 목사로서 "노화와 노인목회 센터"(The Center on Aging and Older Adult Ministries)를 운영하는 리차드 겐츨러 박사(Rev. Dr. Richard Gentzler, 2008, 87-88)는 생명유언(Living Will)과 의료위임장(Durable Power of Attorney for Health Care)을 강력하게 권유하였다. 생명유언은 생전발효 유서로서 존엄사를 희망하는 말기환자의 유언장이다. 이 유언은 말기환자가 자신의 생명을 연장하는 장치 또는 처치에 대하여 거부, 또는 억제를 요구하는 것이다. 의료위임장은 배우자, 성인자녀, 친척, 친구 등에게 자신을 향한 의료행위에 대한 요구권을 미리 위임해 두는 것이다. 의료위임장은 생명유언처럼 질병의 말기치료에 국한되는 것이 아니라 치료의 어느 과정에서도 효과를 발휘할 수 있고, 공증이 필요하다는 점에서 생명유언과 구별된다. 중요한 것은 위임을 받는 이가 위임자의 가치관과 종교적 신념, 의료처치에 대한 희망 등에 대하여 잘 알고 있어야 한다는 점이다.

무엇이 진정으로 말기 환자를 위한 길인가를 가늠하기 위해서는 고통받는 환자에 대한 보살핌과 단순히 생명을 붙들고 있는 것의 구분이 필요하다. 회복할 가능성이 없는 환자에게 특수한 치료행위를 하면 단기간의 생명을 연장할 수 있을지 모르지만, 그 치료로 인해 환자가 더욱 쇠약해진 상태로 생명을 유지하는 것이 환자를 돌보는 것이 아닐 수 있다는 사실도 고려해야 할 것이다. 더욱이 그리스도인들은 회복하기 힘든 생명을 오래 붙잡고 연장하려는 것에 연연할 필요가 없다. 예수 그리스도의 십자가와 부활로 인해 사망의 쏘는 것이 제거되었기 때문에(고전 15:55) 그리스도인들에게 있어서 죽음은 형벌이나 끝이 아니라 영광에 이르는 길이요, 영원한 삶의 시작이다. 만약, 환자가 이러한 믿음을 가지고 내세의 삶에 대한 확신과 기대를 가지고 편안한 상태에서 죽음을 맞이하고자 한다면 치료행위를 제거하는 것도 가능할 것이다.

성경에 의하면 삶과 죽음에는 각각 때가 있다.

> 천하에 범사가 기한이 있고 천하 만사가 다 때가 있나니 날 때가 있고 죽을 때가 있으며, 심을 때가 있고 심은 것을 뽑을 때가 있으며 … 사랑할 때가 있고 미워할 때가 있으며 전쟁할 때가 있고 평화할 때가 있느니라(전 3:1-8).

하지만 죽음의 시기란 인간이 선택하여 결정하는 문제로 보는 견해도 있는데, 주로 가족들이 환자의 죽어가는 과정을 지켜보며 겪는 고통에 기인한다. 그러나 치료를 거부함으로써 죽게 되는 권리가 치료를 거부할 의무, 죽을 의무와 혼동되어서는 안 된다. 이는 하나님의 주권(대상 29:11-12)과 인간의 자유의지(창 2:16-17) 사이에서 균형을 잡을 문제이다.

이제는 나 곧 내가 그인 줄 알라 나 외에는 신이 없도다. 나는 죽이기도 하며 살리기도 하며 상하게도 하며 낫게도 하나니 내 손에서 능히 빼앗을 자가 없도다(신 32:39).

이 말씀처럼 하나님은 주권자이시지만 당신께서 제정하신 자연 법칙 안에서 피조 세계를 살아갈 수 있는 자유의지를 인간에게 부여하셨다. 또한 생명을 연장할 수 있는 과학 기술을 개발하고, 사용할 수 있는 능력도 부여해 주셨다. 양자 간의 복잡한 문제는 죽음에 대한 의미로부터 풀리기 시작한다.

그리스도인들은 생명이 마지막 심장 박동 또는 마지막 뇌파와 함께 끝나지 않는다는 사실을 확인할 때 죽음을 앞둔 시점에도 평온함과 희망을 갖는다. 육신의 생명은 보다 넓은 실체, 곧 하나님으로부터 시작되어 예수 그리스도를 믿는 신앙에 의해 믿는 자들이 소유하게 되는 영원한 생명의 일부에 지나지 않음을 믿기 때문이다. 그리스도인들의 생명이 그리스도를 믿는 신앙에 의해 하나님과 연결될 때에, 그들은 더 이상 죽음의 두려움에 매인 노예들이 아니다(히 2:15). 신앙을 통해서 오는 평온함이 인간의 슬픔이라는 고통스러운 실체를 부정하지는 않지만, 죽음에 의한 분리가 다만 일시적이라는 사실(살전 4:13-18)을 확인한다면, 주님과 사랑하는 이들과 함께 영원토록 지내게 될 것을 소망하는 가운데, 평안과 위로를 찾을 수 있다. 예수님도 자신이 죽음에 직면했을 때 오히려 제자들에게 이렇게 기쁨을 약속하셨다.

너희는 근심하겠으나 너희 근심이 도리어 기쁨이 되리라(요 16:20).

에필로그

윌리엄 셰익스피어(William Shakespeare)는 그의 저서 『햄릿』(*Hamlet*)에서 "사느냐, 죽느냐, 그것이 문제로다"(To be, or not to be, that is the question)라는 유명한 말을 남겼다. 주인공 햄릿은 아버지를 죽인 삼촌 클라우디스의 계략으로 인해 사랑하는 여인 오필리어를 잃고, 어머니마저도 클라우디스가 햄릿을 죽이기 위하여 준비한 독주를 마시고 죽고, 결국 햄릿은 클라우디스를 죽이고 자신도 죽음을 맞이하게 된다. 이렇듯 삶과 죽음으로 가득찬 햄릿의 이야기는 햄릿의 삶과 죽음의 문제에 대한 고뇌로 점철되어 있다. 하지만 비단 햄릿의 이야기 뿐만 아니라 오늘의 현실 역시 삶과 죽음의 문제로 가득하다.

무신론자였던 계몽주의 작가 볼테르(Voltaire)[1]는 "나는 하나님과 인간에게 버림받았소! 만일 당신이 내게 여섯 달 동안 살 수 있게 해 준다면 당신에게 내 소유의 절반을 주겠소. 나는 지옥으로 갈거요. 오 예수 그

---

1 그의 본명은 프랑수아 마리 아루에(François Marie Arouet)이며, 볼테르는 필명이다.

리스도여!"라고 외치며 임종을 맞이하였다. 반대로 스데반은 "보라 하늘이 열리고 인자가 하나님 우편에 서신 것을 보노라"(행 7:56)고 말하며 기쁨으로 돌에 맞아 순교하였다. 노인들이 임종을 맞이하며 가장 후회하는 일은 배우지 못한 것(21.6%), 사랑하지 못한 것(20.1%), 과거에 지은 죄(19.4%), 선행을 하지 못한 것(11.9%), 용서하지 못한 것(10.4%) 등이다(김장은, 2013, 299). 신앙 안에서 제대로 배웠다면 보다 쉽게 사랑하고, 용서할 수 있었을 것이고, 악착같이 자신 또는 가족만을 위해 살지 않고 더 많은 선한 일을 행했을 것이며, 따라서 죄도 덜 지었을 것이다. 특히 임종을 앞둔 노인이 가족, 이웃, 친지와 용서하고 용서받는 것은 자신의 짊어진 인생의 짐을 내려놓는 것이며, 또한 자녀와의 관계에서 서로 용서하며 회복을 이루는 것은 자녀들을 불효자라는 죄책감에서 자유케 하는 방법이다.

우리나라 남녀의 기대수명은 2030년이 되면 세계 1위에 이를 것으로 예상된다(Kontis et al, 2017). 그러나 단순히 오래 사는 것이 아니라 하나님의 형상으로 창조된 존재로서 어떻게 사는 것이 가치있고, 의미있는 삶이냐 하는 것을 두고 모든 그리스도인들은 고민해야 한다. 팀 켈러(Tim Keller) 목사[2]의 저서 『왕의 십자가』(King's Cross)는 그리스도인의 삶의 실존을 잘 설명한다. 왕의 십자가라는 말처럼 모순이 되는 말이 없는데, 왕은 영광의 정점에 있는 존재이고, 십자가는 가장 극악무도한 죄인

---

2 켈러 목사는 건강한 목회를 통해 미국은 물론 세계 교회를 주도하는 10대 모델교회로 주목받아 온 뉴욕의 리디머장로교회(Redeemer Presbyterian Church)의 담임목사이다. 그는 1989년 가족과 함께 교회를 개척하여 5천 명 이상의 교인들이 모이는 대형교회를 일구었지만 2017년 7월 1일부로 사임하겠다고 선언하였는데, 대형교회를 분리하여 보다 건강한 사역을 지속하고, 신학교에서 가르치는 사역에 좀 더 집중하기 위해서라고 그 이유를 밝혔다.

이 받는 형벌이기 때문이다. 그러나 결국 예수님의 삶 속에서 왕의 영광과 십자가의 고난이 하나가 된 것처럼, 그리스도를 따르는 우리의 삶에서도 마찬가지로 그리스도의 영광과 자기 십자가를 지는 고난은 하나가 되어야 한다.

예수님의 변화산 사건에서 볼 수 있듯, 베드로처럼 "여기 있는 것이 좋사오니"(막 9:5)라고 말하며 교회 안에만 머물러 있어서는 산 아래 세상에서 빛과 소금의 직분을 감당할 수가 없다. 마찬가지로 나이가 들어서 더는 할 수 있는 일이 없다고 낙심하고 주저앉아 있어서는 그리스도를 따르는 그리스도인으로서의 삶의 의미를 실현할 수 없다. 노화로 인한 불편과 고통이라는 십자가 이후에 임할 부활의 승리라는 영광을 바라보며 삶을 통해 신앙을 전수할 수 있도록 노인들과 교회는 함께 힘을 합쳐야 한다. 이 땅에서 노인들의 믿음의 삶을 통해서 하나님의 나라가 임하게 하고, 그리스도의 복음을 전파하기 위해서 교회는 노인들이 하나님과의 관계를 통해 하나님의 영광의 임재를 체험하고 그 영광의 빛을 산 아래 세상에서 비출 수 있도록 지원을 아끼지 말아야 할 것이다.

참고문헌

1. 국내서적

강성자. 『정년없는 노인의 성』. 서울: 북랩, 2014.

권중돈. 『노인복지론』. 6판. 서울: 학지사, 2016.

기영화. 『노인교육의 실제』. 서울: 학지사, 2007.

김승건. "인구: 고령사회 진입원년... 저출산, 고령사회에 적극 대처해야". 한경비지니스, 머니 공편. 『대전망 2017』, 132-136. 서울: 한국경제신문사, 2016.

김미곤. "2016년 보건복지정책의 환경변화와 정책방향". 「보건복지 Issue & Focus」 302, (2016): 1-8.

김심복. 『노인의 죽음에 대한 인식 및 준비에 관한 연구』. 대전: 한남대학교 석사학위논문, 1999.

김인자 편역. 『죽음에 대한 심리적 이해』. 서울: 서강대학교출판부, 1984.

김장은. 『브라보 실버』. 서울: 예영커뮤니케이션, 2013.

김정희.『기독교노인교육: 독일 지역교회를 중심으로』. 파주: 한국학술정보, 2008.

김철영.『실버목회 성공전략: 성공적인 실버목회를 위한 전략 모델 개발』. 개정증보판. 서울: 도서출판 북지인, 2011.

김태현, 손양숙. "노인의 죽음에 대한 태도연구",「한국노년학」4, (1984): 3-19.

김혜련.『노인이 지각한 죽음에 대한 불안도: 유료 및 무료 시설과 재가노인의 비교』. 서울: 이화여자대학교 석사학위논문, 1991.

마틴 하이데거.『존재와 시간』. 이기상 역. 서울: 까치 (Original work published 1993), 2010.

박공주, 정항미. "성교육 프로그램이 노인의 성 인식과 삶의 만족도에 미치는 영향",「보건의료산업학회지」8(3), (2014): 181-192.

박미현, 박명화. "성교육이 노인의 성지식과 성태도에 미치는 효과",「노인간호학회지」12(1), (2010): 62-71.

박석돈. "노인의 욕구 변화와 노인교육."「노인학연구」2, (1998): 1-29.

박성희. "고령화 사회와 노년교육,"「Andragogy Today」7(3), (2004): 231-248.

_____. "독일의 노년교육", 한정란 외.『세계의 노인교육』, 145-185. 서울: 학지사, 2006.

배나래, 박충선. "홀로된 노인의 성과 이성교제가 노년기 재혼에 미치는 영향",「한국가족관계학회지」7(2), (2002): 111-132.

서혜경. "한미 노인의 죽음에 대한 태도에 대한 연구",「한국노년학」7, (1987): 39-59.

서혜경, 정순둘, 최광현.『노인상담: 기본기술과 과정』. 서울: 학지사, 2013.

손의성. "배우자 사별노인의 적응에 관한 연구: 성별 차이를 중심으로." 「한국가족복지학」 21, (2007): 1-34.

안희만.『노인의 죽음에 대한 의식구조 연구』. 서울: 경희대학교 석사학위논문, 1989.

알폰소 디이큰.『제3의 인생』. 김윤주 역. 경북: 분도출판사, 1982.

오영희. "노인의 건강실태와 정책과제", 「보건복지포럼」 223, (2015): 29-39.

오윤표.『기독교인의 복된 삶과 죽음: 장례의 절차와 예식』. 서울: 도서출판 그리심, 2008.

유지웅.『노인범죄 발생 추이 분석과 대책』. 용인: 치안정책연구소성, 2009.

윤여정.『한국노인의 긍정적 죽음수용에 관한 연구』. 용인: 한림대학교 석사학위논문, 2000.

윤덕경, 이미정, 장미혜, 주재선, 송효진.『2015년도 아동청소년대상 성범죄 동향분석: 2014년 신상정보등록대상자를 중심으로』. 서울: 여성가족부, 2015.

이기숙. "중년기 가족대상의 죽음대비교육 프로그램 개발을 위한 예비적 고찰(1)", 신라대학교 사회과학연구소「사회과학연구」 5, (2001): 70-85.

이민아, 김석호, 박재현, 심은정. "사회적 관계내 자살경험과 가족이 자살생각 및 자살행동에 미치는 영향", 「한국인구학」 33(2), (2010): 61-84.

이승익.『노인학교 운영의 실제: 두란노 목회자료 큰 백과 19권』. 서울: 두란노, 1997.

이영숙. "홀로된 노인의 이성교제경험과 관련변인: 성별 차이를 중심으로". 「한국생활과학회지」22(4), (2013): 609-618.

이은규. "성경에 나타난 노인의 생애유형." 「목회와 신학」5(59), (1994): 61-68.

이이정. 「노인 학습자를 위한 죽음준비교육 프로그램 개발 연구」, 연세대학교 대학원 박사학위논문. 2003.

이호선. 『노인상담』. 2판. 서울: 학지사, 2012.

임장남. 『노인 성교육 프로그램의 이론과 실제』. 서울: 대왕사, 2008.

장신근. "교회-가정의 연계성을 지향하는 간세대 기독교교육: 아동을 중심으로." 「신학논단」63, (2011): 217-243.

장휘숙. 『전생애 발달심리학』. 4판. 서울: 박영사, 2007.

전도근. 『100세 쇼크: 꼭 알아야 할 불편한 진실』. 서울: 북포스, 2011.

전수경. "영국의 노년교육". 한정란 외. 『세계의 노인교육』, 119-143. 서울: 학지사, 2006.

전혜성. 『가치있게 나이드는 법』. 서울: 중앙북스㈜, 2010.

정영호, 고숙자, 김은주. 『효과적인 만성질환 관리방안 연구』. 서울: 한국보건사회연구원, 2013.

추부길, 이옥경. 『실버사역 어떻게 할 것인가』. 고양: 한국가정상담연구소, 2005.

최금봉. "노인의 성생활 실태와 자아통합감 연구." 「노인간호학회지」10(2), (2008): 109-120.

최성훈.『6하원칙을 통해 본 기독교교육: 성경본문과 교육이론의 만남』. 서울: CLC, 2016a.

_____.『섹스와 복음: 젊은이들의 성 고민에 대한 성경적 지침』. 서울: CLC, 2016b.

최준식.『임종준비』. 서울: 도서출판 모시는 사람들, 2013.

한국교육개발원.『2015 한국 성인의 평생학습 실태』. 서울: 한국교육개발원, 2015.

한영란. "노인의 주관적 건강상태, 종교성과 죽음에 대한 공포."「지역사회간호학회지」18(3), (2007): 400-409.

한정란.『노인교육론: 노인을 위한, 노인에 관한, 노인에 의한 교육』. 서울: 학지사, 2015.

한혜자, 김남초, 지성애. "노인의 성 지식과 태도 및 교육요구."「성인간호학회지」15(1), (2003): 45-55.

허정무.『노인교육학 개론』. 서울: 양서원, 2007.

헤닝 쉐르프.『눈부시게 아름다운 노후』. 김현정 역. 서울: 휴먼비지니스, 2007.

황주희, 김성희, 노승현, 강민희, 정희경, 이주연, 이민경.『장애노인 대상의 통합적 복지서비스 제공을 위한 정책 방안』. 세종: 한국보건사회연구원, 2014.

2. 국외서적

Adler, William H. "An Autoimmune Theory of Aging." In *Theoretical Aspects of*

Aging, eds. Morris Rockstein, Marvin L. Sussman, and Jeffrey Chesky, 33–42. New York, NY: Academic Press, 1974.

Anderson, Lorin W., Krathwohl, David R., Airasian, Peter W., Cruikshank, Kathleen A., Mayer, Richard E., Pintrich Paul R., Raths, James, and Wittrock, Merlin C. *A Taxanomy for Learning, Teaching, and Assessing: A Revision of Bloom's Taxanomy of Educational Objectives*. eds. Lorin W. Anderson and David R. Krathwohl. New York, NY: Longman, 2001.

Arenberg, David. "Concept Problem Solving in Young and Older Adults," *Journal of Gerontology 23*, (1968): 279–282.

Atchley, Robert C. *Spirituality and Aging*. Baltimore, MD: The Johns Hopkins University Press, 2009.

Baltes, Paul B., and Baltes, Margret M. "Psychological Perspectives on Successful Aging: The Model of Selective Optimization with Compensation." In *Successful Aging: Perspectives from the Behavioral Sciences*, eds. Paul B. Baltes and Margret M. Baltes, 1–34. New York, NY: Cambridge University Press, 1990.

Beaulaurier, Richard, Fortuna, Karen, and Lind, Danielle. "Attitudes and Stereotypes Regarding Older Women and HIV Risk," *Journal of Women and Aging 26(4)*, (2014): 351–368.

Binet, Alfred. "New Methods for the Diagnosis of the Intellectual Level of

Subnormals." In *The Development of Intelligence in Children (The Binet-Simon Scale)*, ed. Henry H. Goddard, 37-90. trans. Elizabeth S. Kite. Vineland, NJ: The Training School, (Original work published 1905), 1916.

Bloom, Benjamin S. *Taxanomy of Educational Objectives*. Boston, MA: Allyn and Bacon, 1956.

Bradley, Dana B. "A Reason to Rise Each Morning: The Meaning of Volunteering in the Lives of Older Adults," *Generations 23(4)*, (1999): 45-50.

Butin, Dan W. *Service-learning in Theory and Practice*. New York, NY: Palgrave Macmillan, 2010.

Cattell, Raymond B. "The Measurement of Adult Intelligence," *Psychological Bulletin 40(3)*, (1943): 153-193.

_____. "Theory of Fluid and Crystallized Intelligence: A Critical Experiment," *Journal of Educational Psychology 54(1)*, (1963): 1-22.

_____. *Abilities: Their Structure, Growth, and Action*. Boston, MA: Houghton Mifflin, 1971.

Cavanaugh, John C., and Blanchard-Fields, Fredda. *Adult Development and Aging*. 7th ed. Stamford, CT: Cengage Learning, 2014.

Choi, Seong-Hun. "The Relationship between Religious Volunteering and the Faith of Seniors," *Journal of Christian Education and Information Technology 27*, (2015): 89-105.

_____. *The Impact of Religious Volunteering on Faith: Perceptions of First-Generation Korean-American Elderly*. PhD diss., Deerfield, IL: Trinity Evangelical Divinity School, 2013.

Clayton, Jean. "Let There Be Life: An Approach to Worship with Alzheimer's Patients and Their Families," *Journal of Pastoral Care 45(2)*, (1991): 177–179.

Comfort, Alex. *Ageing: The Biology of Senescence*. rev. ed. London, UK: Routledge and Kegan Paul, 1964.

_____. *Sexual Consequences of Disability*. Philadelphia, PA: George F. Stickley Company, 1978.

Corr, Charles A. "What Do We Know about Grieving Children and Adolescents?" In *Living with Grief: Children, Adolescents, and Loss*, ed. Kenneth J. Doka, 21–32. Washington, DC: Hospice Foundation of America, 2000.

Cristofalo, Vincent J. "Ten Years Later: What have We Learned about Human Aging from Studies of Cell Cultures?," *Gerontologists 36(6)*, (1996): 737–741.

Cross, Kathryn P. "Adult Learners: Characteristics, Needs, and Interests." In *Lifelong Learning in America*, ed. Richard E. Peterson, 75–141. San Francisco, CA: Jossey-Bass, 1979.

_____. *Adult as Learners*. San Francisco, CA: Jossey-Bass, 1981.

Deacon, Susan, Minichello, Victor, and Plummer, David. "Sexuality and Older People: Revisiting the Assumptions," *Educational Gerontology 21(5)*, (1995): 497-513.

Dewey, John. *Experience and Education*. New York, NY: Touchstone, 1938.

Drench, Meredith E., and Losee, Rita H. "Sexuality and Sexual Capacities of Elderly People," *Rehabilitation Nursing 21(3)*, (1996): 118-123.

Erikson, Erik H. *Childhood and Society*. New York, NY: W. W. Norton & Company, 1950.

Erikson, Erik H., and Erikson, Joan M. *The Life Cycle Completed*. Extended ed. New York, NY: W. W. Norton & Company, 1998.

Eyler, Janet, and Dwight E. Giles. *Where's the Learning in Service-learning?* San Francisco, CA: Jossey-Bass, 1999.

Faber, Heije. *Striking Sails: A Pastoral Psychological View of Growing Older in Our Society*. trans. Kenneth R. Mitchell. Nashville, TN: Abingdon Press, 1984.

Foster, Charles. *From Generation to Generation: The Adaptive Challenge of Mainline Protestant Education in Forming Faith*. Eugene, OR: Wipf and Stock Publishers, 2012.

Fox, Matthew. *The Coming of the Cosmic Christ: The Healing of Mother Earth and the*

Birth of a Global Renaissance. San Francisco, CA: Harper & Row, 1988.

Gafni, Ari. "Protein Structure and Turnover." In *Handbook of the Biology of Aging*, 5th ed. eds. Edward J. Masaro, and Steven N. Austad, 59-83. San Diego, CA: Academic Press, 2001.

Gallagher, David P. *Senior Adult Ministry in the 21st Century: Step-By-Step Strategies for Reaching People Over 50*. Loveland, CO: Group Publishing, Inc., 2002.

Gangel, Kenneth O. and Wilhoit, James C. *The Christian Educator's Handbook on Family Life Education: A Complete Resource on Family Life Issues in the Local Church*. Grand Rapids, MI: Baker Books, 1996.

Gardner, Howard. *Intelligences Reframed: Multiple Intelligences for the 21st Century*. New York, NY: Basic Books, 1993.

_____. *Multiple Intelligences: New Horizons*. Rev. ed. New York, NY: Basic Books, 2006.

_____. *Frames of Mind: The Theory of Multiple Intelligences*. 3rd ed. New York, NY: Basic Books, 2011.

Gawandi, Atul. *Being Mortal: Medicine and What Matters in the End*. New York, NY: Metropolitan Books, 2014.

Gentzler, Jr. Richard H. *Aging and Ministry in the 21st Century: An Inquiry*

Approach. Nashville, TN: Discipleship Resources, 2008.

Gerkin, Charles V. "Pastoral Care and Models of Aging." In *Gerontology in Theological Education: Local Program Development*, eds. Barbara Payne and Earl D. C. Brewer, 83-100. New York, NY: The Haworth Press, 1989.

Gould, Roger V. *Transformations: Growth and Change in Adult Life*. New York, NY: Simon & Schuster, 1978.

Grenz, Stanley J. *Sexual Ethics: An Evangelical Perspective*. Louisville, KY: Westminster Kohn Knox Press, 1997.

Gross, Jerome. "Collagen," *Scientific American 204(5)*, (1961): 121-130.

Guiford, Joy P. *The Nature of Human Intelligence*. New York, NY: McGraw-Hill, 1967.

_____. "Some Changes in the Structure of Intellect Model," *Educational and Psychological Measurement 48(1)*, (1988): 1-4.

Harris, Diana K., and Cole, William E. *Sociology of Aging*. New York, NY: Houghton Mufflin, 1980.

Hart, Archibald D. *Counseling the Depressed*. Waco, TX: Word Books, 1987.

Hattie, John, and Timperley, Helen. "The Power of Feedback," *Review of Educational Research 77(1)*, (2007): 81-112.

Hayflick, Leonard, and Moorehead, Paul S. "The Serial Cultivation of Human

Diploid Cell Strains," *Experimental Cell Research 25(3)*, (1961): 585-621.

Hayflick, Leonard. "The Cell Biology of Human Aging," *New England Journal of Medicine 295(23)*, (1976): 1302-1308.

_____. "How and Why We Age," *Experimental Gerontology 33(7)*, (1998): 639-653.

Hodson, Diane S, and Patsy Skeen. "Sexuality and Aging: The Hammerlock of Myths," *The Journal of Applied Gerontology 13(3)*, (1994): 219-235.

Hooyman, Nancy, and Kiyak, H. Asuman. *Social Gerontology: A Multidisciplinary Perspective*. 8th ed. Boston, MA: Allyn and Bacon, 2008.

Jack, John. "The Seven (?) Prophetesses of the Old Testament," *Lutheran Theological Journal 28*, (1994): 116-121

Jacoby, Barbara. *Service-learning in Higher Education: Concepts and Practices*. San Francisco, CA: Jossey-Bass, 1996.

Kastenbaum, Robert. *The Psychology of Death*. 3rd ed. New York, NY: Springer Publishing Company, Inc., 2000.

Keller, Timithy. *King's Cross: The Story of the World in the Life of Jesus*. New York, NY: Dutton Adult, 2010.

Knox, Alan B. *Adult Development and Learning: A Handbook on Individual Growth and Competence in the Adult Years for Education and the Helping Professions*. San Francisco, CA: Jossey-Bass, 1977.

Knowles, Malcolm. *The Modern Practice of Adult Education: Andragogy vs.*

Pedagogy. New York, NY: Association Press, 1980.

Knudson, Russel S. "Humanagogy Anyone?." *Adult Education 29(4)*, 1979: 261-264.

Koenig, Harold G. *Aging and God: Spiritual Pathways to Mental Health in Midlife and Later Years*. New York, NY: Haworth Press, 1995.

Koepke, Donald R. "Planning for Older Adult Ministry." In *Ministering to Older Adults*, ed. Donald R. Koepke, 49-54. New York, NY: The Haworth Pastoral Press, 2005.

Kontis, Vasilis, Bennett, James E., Mathers, Colin D., Li, Guangquan, Foreman, Kyle, and Ezzati, Majid. "Future Life Expectancy in 35 Industrialised Countries: Projections with a Bayesian Model Ensemble." *The Lancet Feb.*, (2017): 1-13.

Kübler-Ross, Elisabeth. *On Death and Dying: What the Dying Have to Teach Doctors, Nurses, Clergy and Their Own Families*. New York, NY: Scribner, 1969.

Lemieux, André. "The University of the Third Age: Role of Senior Citizens," *Educational Gerontology 21(4)*, (1995): 337-344.

Lebel, Jacques. "Beyond Andragogy to Geragogy," *Lifelong Learning: The Adult Year 1(9)*, (1978): 16-18.

Levinson, Daniel J. *The Seasons of a Woman's Life: A Fascinating Exploration of the Events, Thoughts, and Life Experiences That All Women Share*. New York,

NY: Ballantine Books, 1996.

Levinson, Daniel J., Darrow, Charlotte N., Klein, Edward B., Levinson, Maria H, and McKee Braxton. *The Seasons of a Man's Life*. New York, NY: Random House, 1978.

MacKinlay, Elizabeth. *The Spiritual Dimension of Ageing*. Philadelphia, PA: Jessica Kingsley Publishers, 2001.

Masters, William H., and Johnson, Virginia E. *Human Sexual Response*. New York, NY: Bantam Books, 1966.

_____. *Human Sexual Inadequacy*. New York, NY: Bantam Books, 1970.

Mattes, Ray. "The Aging Process: A Journey of Lifelong Spiritual Formation." In *Ministering to Older Adults*, ed. Donald R. Koepke, 55-72. New York, NY: The Haworth Pastoral Press, 2005.

McCall, Junietta B. *Grief Education for Caregivers of the Elderly*. New York, NY: The Haworth Pastoral Press, 1999.

McClusky, Howard Y. *Education: Background Issues for White House Conference on Aging*. Washington, D.C.: U.S. GPO, 1971.

Medina, John J. *The Clock of Ages: Why We Age, How We Age, Winding Back the Clock*. Cambridge, UK: Cambridge University Press, 1996.

Merriam, Sharan B, and Caffarella, Rosemary S. *Learning in Adulthood: A*

Comprehensive Guide. 2nd ed. San Francisco, CA: Jossey-Bass, 1998.

Mezirow, Jack. *Transformative Dimensions of Adult Learning*. San Francisco, CA: Jossey-Bass, 1991.

_____. "Learning to Think Like an Adult: Core Concepts of Transformation Theory." In *Learning as Transformation: Critical Perspectives on a Theory in Progress*, ed. Jack Mezirow and associates, 3-33. San Francisco, CA: Jossey-Bass, 2000.

_____. "Transformative Learning Theory." In *Transformative Learning in Practice: Insights from Community, Workplace, and Higher Education*, ed. Jack Mezirow, Edward W. Taylor, and associates, 18-31. San Francisco, CA: John Wiley & Sons, 2009.

Moody, Harry R. "The Meaning of Life and the Meaning of Old Age." In *What Does It Mean to Grow Old?: Reflections from the Humanities*, ed. Thomas Cole and Sally Gadow, 9-40. Durham, NC: Duke University Press, 1987.

Neuger, Christie C. "Does gender Influence Late-Life Spiritual Potentials?" In *Aging, Spirituality, and Religion*, ed. Melvin A. Kimble and Susan H. McFadden, 59-73. Minneapolis, MN: Augsburg Fortress, 2003.

Palmer, Parker. *To Know As We Are Known*. New York, NY: Harper and Row, 1993.

Perls, Thomas, and Terry, Dellara. "Genetics of Exceptional Longevity,"

Experimental Gerontology 38, (2003): 725-730.

Peterson, David A. *Facilitating Education for Old Learners*. San Francisco, CA: Jossey-Bass, 1983.

Rando, Therese A. *Grief, Dying, and Death: Clinical Interventions for Caregivers*. Champaign, IL: Research Press, 1984.

Richards, Marty. "Meeting the Spiritual Needs of the Cognitively Impaired," *Generations 14*, (1990): 63-64.

_____. "Caring for the Caregiver." In *Aging, Spirituality, and Religion*, ed. Melvin A. Kimble and Susan H. McFadden, 180-194. Minneapolis, MN: Augsburg Fortress, 2003.

Roberts, D. Bruce. "What Constitutes Effective Teaching with Adults?" In *A Lifelong Call to Learn: Continuing Education for Religious Leaders*, Rev. ed. eds. Robert E. Reber and D. Bruce Roberts. Herndon, VA: The Alban Institute, 2010.

Sapp, Stephen. "Ethics and Dementia: Dilemmas Encountered by Clergy and Chaplains." In *Aging, Spirituality, and Religion*, ed. Melvin A. Kimble and Susan H. McFadden, 355-367. Minneapolis, MN: Augsburg Fortress, 2003.

Schaie, K. Warner, and Baltes, Paul B. "On Life Span Developmental Research

Paradigms: Retrospect and Prospects." In *Life Span Developmental Psychology: Personality and Socialization*, eds. K. Warner Schaie and Paul B. Baltes, 366–396. New York, NY: Academic Press, 1974.

Schöenfeld, Robert M. *Service-learning Guide and Journal: Higher Education Edition*. Seattle, WA: Guide & Journal Publications, 2004.

Shay, Jerry W., and Wright, Woodring E. "The Use of Telomerized Cells for Tissue Engineering," *Nature Biotechnology 18(1)*, (2000): 22–23.

Sheffield, Eric C. "Service in Service-learning Education: The Need for Philosophical Understanding," *The High School Journal 89(1)*, (2005): 46–53.

Spearman, Charles. "General Intelligence, Objectively Determined and Measured," *American Journal of Psychology 15*, (1904): 201–293.

_____. The Abilities of Man. London, UK: Macmillan, 1927.

Sternberg, Robert J. Beyond IQ: *A Triarchic Theory of Human Intelligence*. New York, NY: Cambridge University Press, 1985.

_____. "The Triarchic Theory of Successful Intelligence." In *Contemporary Intellectual Assessment: Theories, Tests, and Issues*, 3rd ed. eds. Dawn P. Flanagan, and Patti L. Harrison, 156–177. New York, NY: The Guiford Press, 2012.

Stoddard, Sandol. *The Hospice Movement*. New York, NY: Vintage Books, 1978.

Story, Marilyn D. "Knowledge and Attitudes about the Sexuality of Older Adults among Retirement Home Residents," *Educational Gerontology 15(5)*, (1989): 515-526.

Throp, Kathlyn. *Intergenerational Programs: A Resource for Community Renewal*. Madison, WI: Wisconsin Positive Youth Development Initiative, Inc., 1985.

Thurstone, Louis L. *Primary Mental Abilities*. Chicago, IL: University of Chicago Press, 1938.

Townsend, Aloen L. and Franks, Melissa M. "Quality of the Relationship between Elderly Spouses: Influence on Spouse Caregivers' Subjective Effectiveness," *Family Relations 46(1)*, (1997): 33-39.

Trimmer, Edward A., and Styles, Betsy. "Christian Education and Older Persons in Congregations." In *Gerontology in Theological Education: Local Program Development*, eds. Barbara Payne and Earl D. C. Brewer, 83-100. New York, NY: The Haworth Press, 1989.

Ulanov, Ann B. "Aging: On the Way to One's End." In *Ministry with the Aging: Designs, Challenges, Foundations*, ed. William M. Clements, 109-123. New York, NY: Harper&Row, 1981.

United Nation. *World Population Prospects: The 2012 Revision*. New York, NY: UN, 2013.

United Nation. *World Population Aging*. New York, NY: UN, 2015a.

United Nation. *World Population Prospects: The 2015 Revision*. New York, NY: UN, 2015b.

Vaillant, George E. *Triumphs of Experience: The Men of the Harvard Grant Study*. Boston, MA: Harvard University Press, 2012.

Vogel, Linda J. "Spiritual Development in Later Life." In *Aging, Spirituality, and Religion*, eds. Melvin A. Kimble, Susan H. McFadden, James W. Ellor, and James J. Seeber, 74-86. Minneapolis, MN: Augsburg Fortress, 1995.

Volicer, Ladislav, and Brenner, Paul R. "Ethical Issues in Care of Individuals with Alzheimer's Disease." In *Spirituality, and Religion*, ed. Melvin A. Kimble and Susan H. McFadden, 368-388. Minneapolis, MN: Augsburg Fortress, 2003.

Walz, Thomas H, and Blum, Nancee S. *Sexual Health in Later Life*. Lexington, MA: Lexington Books, 1987.

Warren, William G. *Death Education and Research: Critical Perspectives*. New York, NY: Haworth, 1989.

Wechsler, David. *The Measurement and Appraisal of Adult Intelligence*. 4th ed. Baltimore, MD: Williams & Witkins, 1958.

White, James W. *Intergenerational Religious Education*. Birmingham, AL: Religious Education Press, 1988.

Wilert, Amanda, and Semans Maureen. "Knowledge and Attitudes about Later Life Sexuality: What Clinicians Need to Know about Helping the Elderly," *Contemporary Family Therapy 22(4)*, (2000): 415-435.

Winings, Kathy. "Taking Religious Education out of the Classroom: Service Learning as an Effective Contextual Pedagogy," *Journal of Unification Studies 6*, (2005): 125-41.

Wilson, David L. "The Programmed Theory of Aging." In *Theoretical Aspects of Aging*, eds. Morris Rockstein, Marvin L. Sussman, and Jeffrey Chesky, 11-22. New York, NY: Academic Press, 1974.

Yeo, Gwen. "Elderagogy: A Specialized Approach to Education for Elders," *Lifelong Learning:The Adult Year 5(5)*, (1982): 4-7.

Zeiger, Earl F. *Christian Education of Adults*. Philadelphia, PA: The Westminster Press, 1958.

3. 웹사이트(Websites)

경찰청. www.police.go.kr.

고용노동부 워크넷. www.work.go.kr.

국제호스피스 및 말기환자간병 조직(NHPCO: National Hospice and Palliative Care Organization). www.nhpco.org.

다운공동체교회. www.downch.org.

만나교회. www.manna.or.kr.

미국의약협회(American Medical Association). www.ama-assn.org.

보건복지부. www.mohw.go.kr.

삶과 죽음을 생각하는 회. www.kadec.or.kr.

생명보험협회. www.klia.or.kr.

성덕중앙교회. www.pampi.kr.

세계보건기구(WHO: World Health Organization). www.who.int.

아름다운 재단. www.beautifulfund.org.

양평국수교회. www.guksu.or.kr.

여성가족부. www.mogef.go.kr.

예수소망교회. www.jesushope.or.kr.

통계청. www.kostat.kr.

한국소비자원. www.kca.go.kr.

행복발전소 하이패밀리. www.hifamily.net.

효원힐링센터. www.hwhealing.com.

고령사회의 실버목회
Silver Ministry for Aged Society

2017년 5월 15일 초판 발행

지 은 이 | 최성훈

편　　집 | 정희연, 이태원
디 자 인 | 윤민주
펴 낸 곳 | 사)기독교문서선교회
등　　록 | 제16-25호(1980. 1. 18)
주　　소 | 서울시 서초구 방배로 68
전　　화 | 02) 586-8761-3(본사) 031) 942-8761(영업부)
팩　　스 | 02) 523-0131(본사) 031) 942-8763(영업부)
홈페이지 | www.clcbook.com
이 메 일 | clckor@gmail.com
온 라 인 | 기업은행 073-000308-04-020, 국민은행 043-01-0379-646
　　　　　　예금주: 사)기독교문서선교회

ISBN 978-89-341-1657-8 (93230)

* 낙장·파본은 교환해 드립니다.

이 도서의 국립중앙도서관 출판시 도서목록(CIP)은 서지정보유통지원시스템 홈페이지(http://seoji.nl.go.kr)와
국가자료공동목록시스템(http://www.nl.go.kr/kolisnet)에서 이용하실 수 있습니다.
(CIP제어번호: CIP2017009067)